子どもがつながる、学びが深まる「発問」

「個別最適化時代」の教師の問い

竹川慎哉　豊田ひさき　編著

　教師の教えたいものを子どもの学びたいものに変える。秘訣は、教師が直接教えずに、発問を活用することです。私が40年ほど前に参観した実例で説明してみましょう。小学2年生の国語。1月定番の岩崎京子再話『かさこじぞう』。場面は、最初の「そのへんまでお正月さんがござらっしゃるというのに、もちこのようぃもできんのう。」の部分。学級には、なかなか授業に集中できないやんちゃなA（経済的にはあまり豊かでないが、お餅は十分食べたと予想される子）がいます。教師は、この場面ではAに活躍してほしいと想い「Aちゃん、お家のお鏡餅はどんなんだった？　前に出て描いてみて」と問いかけました。

　Aは、何度も何度もお鏡餅を描いては消し、描いては消しを繰り返した後、その上にクシュクシュと落書きのようなもの描きました。教師は、「このクシュクシュって何？ミカンなの。ミカンならお鏡餅に合わせてこう丸っと描かなければ」と即座に消して訂正しました──とっさに「正答」を教えてしまったのです。授業の導入部分でAが活躍する場面を作り、授業に集中させようとした事前の教材解釈は、子どもを固有名詞で思い浮かべながら行ったという点で評価できます。しかし、落としどころを間違えたため、教師の「正答」を押し付け、Aに「負」を刻印する「権力」行使になってしまいました。これでは、せっかくAに活

躍させてやろうとした事前の教材解釈も台無しです。

　私の対案を示してみましょう。お餅に込めたＡの画を残し、既成概念のミカンを載せた教師の画と並べて、「どちらがおじいさんの気持ちに近いと思う？　教科書の文から考えてみて」と「ゆさぶり」ます。そして、「もちこのよういもできん」の「も」の「世界」はＡの方だ。「たいそうびんぼうで、その日その日をやっとくらしていた」のだから、教師よりＡの方が正しいと思う、という答えを引き出すための手がかりを与えます。「みんなすごいね。先生もそこまで気づかなかった。改めてＡとみんなに拍手！」と閉めます。

　皆さん一緒に考えてみてください。

　授業の途中で子どもに寄り添いながら、子どもの答えを教材解釈し続けます。答えが、ピント外れでも、「わかりません」であっても、なんとかしてそこに「値うち」を見つけ出そうとする努力。これが真正の発問づくりです。発問では、教師が予め描いた「正答」はご法度。この発問づくりの大原則を本書では具体的な授業展開レベルで構想してみました。発問再考の一助になれば、望外の幸せです。

豊田　ひさき

contents

はじめに …………………………………………………………… 2

プロローグ 授業で「問う」ことの現在 …………………… 8
—— 個別最適化の問題

1.「個別最適な学び」とは何か? 9
2. 個別最適な学びを支えるロジックとその問題点 11
3. 授業を再定義する——「問う−応答する」関係の実践に向けて 16

—Ⅰ— 発問の考え方

第1章 発問の哲学(フィロソフィ)と技術(タクト) ……… 22

1. 発問の世界史 22
2. 発問づくりの出発点 26

第2章 教材研究と発問 …………………………………… 32

1. 教材研究と発問 32
2. 実践事例 35
3. 目の前の一人ひとりを大切にした教材研究としての発問づくり 41

第3章 発話の場づくりとしての発問 …………………… 44

1. 授業における発話のポリティクス 44
2. 授業の非政治性の捉え直し 46
3. 学習集団論の発問論 47
4.「媒介」を拡張し、多様性に開かれた問いと応答関係を創る 50
5. 発話の場づくりとしての発問に向けて 52

―**II**― 個別の学び、協働の学びと教師の問いかけ

第**4**章 学習集団づくりの授業 ································· 56

1. 出会いからのこだわり：
　「気になる子」と「子どもとともに」ということ　　56
2. クラスでの学級づくり　　59
3. 一枚指導案と授業づくり　　61
4. 突然おりてきた発問　　67
5. 個別の学び、協働の学びと教師の問いかけ　　68

第**5**章 一人ひとりの学びから生まれる「問い」と 学び合う中で生まれる「問い」 ··············· 70

1. 個別と協働　　70
2. 「問い」が生まれる時　　71
3. 学習計画表を使った学び　　72
4. 「国語の仕事」での子どもたちの姿　　73
5. 見えてきた子(個)　　74
6. 教師からの「問い」　　75
7. 差し出す「問い」　　76
8. こだわるからこそ生まれる「問い」　　77
9. 応答の中から生まれる「問い」　　78
10. 応答責任の中でこそ生まれるものとして　　81

contents

―Ⅲ― 探究学習と教師の問い

第6章 探究学習において教師が問いかけることの意味 ········ 84

1.「探究的な学習」の推進と教師　　84
2.「教える」ことと「教師による問い＝発問」の意義　　85
3. 発問の観点からみた林竹二の授業実践と授業論　　89

第7章 学びを育てる教師の役割とは何か ················· 96
──「自主探究的な学び」の授業実践から──

1.「自主探究的な学び」への契機＝
　教師主導の問答型の授業への疑問　　96
2. 自主探究的な学習の実践の概要　　99
3.「自主探究的な学び」の授業実践を通して得たこと　　104

―Ⅳ― 争点のある学びと教師の問い

第8章 市民性教育としての話し合い： ··············· 110
個人の問題から学校全体の生活課題へ

1. 市民性教育としての全校ミーティング　　112
2. 全校ミーティングの過程：
　いかに個を尊重しながら、全体の生活課題とするか　　114
3. 市民性教育における教師の役割：
　「かしこい決定」への問いかけと子どもとの応答関係　　118

第9章 SDGsに関する学習の要点と
教師に求められる役割や工夫 ················· 122

1.SDGsへの注目とESDの役割　122

2.社会を見つめ、未来の社会のあり方を問い、行動に参画する　123

3.自己を見つめ、未来の自己のあり方を問い、行動に参画する　126

4.授業の可能性、学校の可能性　129

─Ⅴ─ 子どもの多様性と学び

第10章 子どもたちの特別な教育的ニーズを
保障する教師の発問 ································· 134

1.子どもたちの特別な教育的ニーズと授業づくりの今日的課題　134

2.特別な教育的ニーズから見た発問の問い直し　136

3.特別な教育的ニーズを保障する発問の枠組み　139

第11章 性の多様性をめぐる学びと教師の問いかけ ········· 144

1.性の多様性をめぐる学びの現状と課題　144

2.性の多様性をめぐる学びにおいて教師に求められること　146

3.「知る」と「問いなおす」を往還する授業づくりに向けて　150

エピローグ 個別最適化の時代に教師であることの意味 ········· 156

1.問うことと沈黙を忘れたコミュニケーション　156

2.個別最適のマクロとミクロ　158

3.「問う─応答する」関係を授業に創り出す　159

あとがき ··················· 164

執筆者一覧 ··················· 167

プロローグ 授業で「問う」ことの現在
——個別最適化の問題

竹川 慎哉（愛知教育大学教育学部准教授）

　授業は「教授＝学習過程」と言い換えられてきたように、教科内容を具現化した教材を媒介とする教師と学習者の相互主体の関わり合いの過程である。授業を創るということは、教師と教材と学習者の関係づくり、すなわち教材を媒介とした出逢い、問い合いをデザインすることにほかならない。この「出逢い」と「問い合い」を生み出すために、教材や発問づくりの多様なアプローチが開発されてきた。学級での一斉教授という形態を採りながらも、画一的でも教え込みでもない、教師と学習者の主体性、当事者性を重視する実践が数多く生み出されてきた。しかし近年、そうした授業が成立しにくい状況が存在している。

　その一つが、授業のスタンダード化の動向である。この動きは、OECDのPISAの結果を受けて2004年頃から活発になる「学力低下」批判を契機に、2007年開始の「全国学力・学習状況調査」と2008年改訂の学習指導要領による教育内容と教育方法の管理統制の形態として進められてきた。すなわち、学力向上のための対策として、各自治体、各学校単位で「○○県学力スタンダード」「○○小授業スタンダード」といったものが策定され、習得と活用の形式を標準化し、カリキュラムや授業の統一形式として推進が図られてきた。習得を確実にするために反復練習的な学習が一方で強化され、他方で「アクティブ・ラーニング／主体的・対話的で深い学び」の実現として、定型化された思考スキルや活動の学習が推進されてきた。

　しかし、コロナ禍においてGIGAスクール構想が急速に進められるな

かで、ICTやAIによる個別最適な学びへと重心を動かすことになった。「個別」「最適」というマジックワードによって、このコンセプトが画一的な授業スタイルを転換するものとして喧伝されているが、その名に反して授業のスタンダード化＝画一化をいっそう推し進める可能性を持っている。本プロローグでは、個別最適な学びによる授業の画一化の危険性を「授業において『問う』ことの喪失」として特徴付け、本書の各章が提案する授業論の意味をより鮮明にする準備作業を行いたい。

1.「個別最適な学び」とは何か？

　まずは、個別最適な学びの定義について確認しておく。個別最適な学びについては、いくつもの政策文書で言及されている。経済産業省は、2018年に「『未来の教室』とEdTech研究会」を省内に発足させ、未来の教室実証事業（以下「未来の教室」）を開始している。この中で、教育改革に向けた3つの柱の一つとして「学びの自立化・個別最適化」を掲げている。それは、「一人ひとり違う認知特性や学習到達度等をもとに、学び方を選べる学び」（経済産業省「未来の教室」とEdTech研究会、2019）と定義され、具体的な中身として、①EdTechによる自学自習と学び合い、②幼児期からの個別学習計画と学習ログをもとにした学習サイクルの構築、③到達度主義の導入、ネット・リアル融合の学び方の導入が提起されている。

　「未来の教室」において、学びの個別最適化は、効率化の原理に基づいている。すなわち、「EdTechを活用して知識のインプットに要する時間を効率化し、探究・プロジェクト型学習（PBL）に費やす時間を生み出すべきである」（経済産業省「未来の教室」とEdTech研究会、2019）と述べていることからもわかるように、「未来の教室」における学びの個別最適化とは、タブレットと学習アプリを使った個別進度のドリル学習によって"知識のインプット"を自学自習で行い、効率化され

プロローグ　授業で「問う」ことの現在──個別最適化の問題　9

た時間を活用して教科横断的な探究学習を行うという往還の仕方が考えられている。この往還において、教科内容としての知識は思考のための「情報」や「記号」として理解されている。

2021年1月の中央教育審議会答申「『令和の日本型学校教育』の構築を目指して——全ての子供たちの可能性を引き出す、個別最適な学びと、協働的な学びの実現——」では、「個別最適な学び」を「個に応じた指導」（指導の個別化と学習の個性化）を学習者の視点から整理した概念であるとしている。この「指導の個別化」と「学習の個性化」については、以下のように整理されている。

指導の個別化

基礎的・基本的な知識・技能等を確実に習得させ、思考力・判断力・表現力等や、自ら学習を調整しながら粘り強く学習に取り組む態度等を育成するため、
・支援が必要な子供により重点的な指導を行うことなど効果的な指導を実現
・特性や学習進度等に応じ、指導方法・教材等の柔軟な提供・設定を行う

学習の個性化

基礎的・基本的な知識・技能等や情報活用能力等の学習の基盤となる資質・能力等を土台として、子供の興味・関心等に応じ、一人一人に応じた学習活動や学習課題に取り組む機会を提供することで、子供自身が学習が最適となるよう調整する

そして、この個別最適な学びを進めるために子どもが自らの学習状況を把握し、主体的に学習を調整することができるように促していくことが求められるとして、ICTの活用による学習履歴や生徒指導上のデータ、健康診断情報を利活用することが重要であると述べている。

「未来の教室」と中教審答申双方とも、ICTによる学習ログと個別学習計画によって、個別に最適な学びが提供されるとしている。また、そ

の内実としては、個別化は同一の内容の基礎的・基本的な知識・技能の進度別学習が、個性化は個々の学習者の興味・関心に沿った学習課題（同一ではない内容）についての学習が想定されている点でも一致している。

2. 個別最適な学びを支えるロジックとその問題点

「未来の教室」や中教審答申以外にも、経団連や総合科学技術イノベーション会議（CSTI）による教育政策提言においてもICTによる個別最適な学びの推進が強調されている。これらに共通するロジックとして、これまでの日本の学校教育を一斉・一律・画一として特徴付け、それに対して個別最適な学びが探究力の育成や子どもの主体性や多様性を保障し、Society 5.0やイノベーティブな社会への転換に応えるものだと強調する。

こうした二項対立図式の議論は、そのわかりやすさ故に広く浸透していくが、教え－学ぶ関係の多層性、複数性をひどく単純化し、見落としを多くする。ここでは、その単純化された個別最適化の主張を批判的に検討する。果たして、推進者が主張するように、ICTの活用は個別最適を保障するのか、また個別最適な学びは多様な子どもの学びを保障するものとなるか？

（1）多様性の包摂

個別最適な学びは、個々の子どもの特性や学習進度に応じた指導方法、教材の柔軟な対応を可能にするという。先に取り上げた「令和の日本型教育」答申においても、「学校に十分な人的配置を実現し、1人1台端末や先端技術を活用しつつ、通常の学級に在籍する発達障害のある児童生徒数の増加、生徒指導上の課題の増加、外国人児童生徒数の増加、子供の貧困の問題等により多様化する子供たちに対応して個別最適な学びを実現しながら、学校の多様性と包摂性を高めることが必要であ

る」と述べていることに現れている。

　このようにICTを活用した個別最適な学びが多様性を包摂するというとき、それはAIアプリやウェブ上の学習コンテンツを使用した進度別学習が想定されている。例えば、日本語を母語としない子どもの日本語学習アプリであったり、AIが学習プログラムを組んでくれ、解答のチェックもしてくれるタイプのものだったりである。

　これらは、学校カリキュラムにおいてマージナルな位置にある子どもたちの学習をいくらかは補うものとなるかもしれない。しかし、それは、メインストリームの学習を前提として、それについていくための補完的な学習にとどまり、その子どもたちの存在を「承認」することにつながるものとはならないだろう。

　政治哲学者ナンシー・フレイザー（Nancy Fraser）は、社会的正義を再分配（redistribution）、承認（recognition）、代表（representation）という3つの原理から論じている（フレイザー、2013）。すなわち、再分配とは財の不平等に対する是正であり、承認とは文化的不平等に対する同等性の実現であり、代表とは政治的不平等に対する参加の要求である。フレイザーは、公正な社会の実現のためには、再配分と承認と代表の相互関連性が不可欠なのであり、どれかだけの改善は他方の改善に無条件につながらないと指摘している。

　この考え方にしたがえば、メインストリームの学習に適応できるようにする個別化された学習は、多少の再配分機能は果たすかもしれないが、差異の承認は生じない。なぜなら、個別化された学習活動においては、相互に承認し合う他者との関係性も媒介物もないからである。

（2）学習の脱文脈化

　ICT、AIを活用した個別最適な学びは、学習を脱文脈化された営みにしてしまう危険性もある。認知科学者の今井むつみと言語心理学者の秋田喜美は、人間の言語習得のメカニズムを「記号接地」と「アブダ

クション推論」という概念から説明している（今井・秋田 2023）。人間は、現実世界との身体経験と記号が接地し、意味を付与しながら言語を獲得していく。さらにはそうした身体的経験に基づいたことばを使いながら推論を行うことで新たな知識を拡張し、また修正しながら複雑かつ抽象的な記号の体系を獲得していくのが、人間の学びの特徴であると指摘している。

「意味」の介在が人間の知識形成の不可欠な要素であるのに対し、ChatGPTに代表される生成AIの学習は、記号接地を全く必要としないものであると言う。そこでは、膨大な情報を読み込み、言語データの統計的な規則性＝次の単語予測を行っているにすぎないのである。生成AIへの質問もそれへの回答も意図や意味は全く考慮せず、すべてをデータに置き換えて処理が行われている。

筆者は試しにChatGPTに「クッキー $\frac{1}{2}$ とピザ $\frac{1}{2}$ を足すといくつになりますか」という問いを投げかけてみた。以下はその回答である。

(ChatGPT)

クッキーが $\frac{1}{2}$ であり、ピザも $\frac{1}{2}$ ですね。これらを足すと：

$$\frac{1}{2} + \frac{1}{2}$$

分母が同じなので、分子を足して分母をそのまま保持します。結果は：

$$\frac{(1+1)}{2} = \frac{2}{2} = 1$$

です。したがって、クッキー $\frac{1}{2}$ とピザ $\frac{1}{2}$ を足すと、合わせて1になります。

※ここでの回答は2023年10月時点のもの。

これはまさにAIが意図や意味を理解しない例であると言える。$\frac{1}{2} + \frac{1}{2}$ の計算は合っていても、意味を理解しておらず、したがって問いに対する答えも間違っている。一斉授業であれば、「クッキーとピザが足せるのか？」「1とは何か？」という点をめぐって子どもたちの間

で思考が繰り広げられるところである。そして、「同じものでなければ足せない」という原則から問題が成立しない（このままでは解けない）という「できない」判断こそが、ここでの理解の本質を形成していく。意味を考えるから揺れや迷いが生まれ、そのことが理解を深める推進力となっていく。AIにこうした揺れはない。AIを活用した個別最適な学びにおいては、集まった情報から学習者が選択可能な問題を配列し、できるかできないかを判断しているだけである。「できない」ことの意味は考慮されることがない。

このようにAIを活用した個別最適な学びでは、知識の意味のレベルを考慮しない学習活動が準備され、個別最適とは相反する画一的・機械的な学習が行われることになる。複雑・複合的な学習課題を提示することはできず、正解が一義的に決まる単純な学習においてしか活用が難しいからである。そしてその結果、基礎的な知識の形成に失敗することになるだろう。そのダメージは、とりわけ低学力層に大きいことは間違いない。

（3）学習の階層化・格差化

「未来の教室」実証事業を立ち上げ、牽引してきた浅野大介は、「学びの個別最適化」とは、タブレットと学習アプリを使った個別進度のドリル学習によって"知識のインプット"を自学自習で行い、効率化された時間を活用して教科横断的な探究学習を行うという往還を強調している（浅野、2021）。

「未来の教室」実証事業に参加している東京都の麹町中学校の個別最適な学びの取り組みは、その典型である。麹町中学校では、AIドリルを数学と英語で活用することで、従来その内容にかかっていた授業時間数を1/2に削減することができたという。そうした効率化で生まれた時間を使ってSTEAM教育やSDGsをテーマとした探究学習を進めている（浅野、2021）。基礎的な学習についてはAIドリルによる反復練習を

行い、それとは切り離された形で学習者個々の設定したテーマに沿った探究学習を進める構想となっている。先に指摘したように、こうした学習において、基礎的知識は「インプット」されるべき情報や記号のレベルで理解され、学習者が基礎的な内容を豊かに学ぶプロセスを欠いている。また、ドリル学習が探究するプロセスに位置づけられるわけではないので、それ自体が目的化することになる。

さらに、基礎的な内容はドリルで、探究的な学びはICTをツールとして使って学習するという二元的な構成は、学習者の階層化をもたらす危険もある。過去のデータからも、低学力層の子どもには反復練習による習得学習が中心に行われ、学力が高い学校ほど活用学習まで行う傾向が示されている（ベネッセ、2010）。同様の傾向が、ICTを使ったドリル学習、探究学習にも現れるだろう。それは、学習に格差をもたらすものとなる。

（4）画一化・パターン化

ここまでICTを活用したドリル学習による個別最適な学びの問題点を指摘してきたが、もう一つの主流となっている「単元内自由進度学習」についても課題点を指摘しておく。

単元内自由進度学習とは、一単元分の学習時間をすべて学習者に委ね、自ら作成する学習計画に沿って自由に学んでいく学習スタイルである。オリジナルの実践は、1980年代に愛知県東浦町立緒川小学校で開発された「週間プログラム」だとされている（奈須、2021）。単元内自由進度学習では、学ぶ内容は共通であるが、学習の方法や場所、進めるペースは学習者個々によって異なる。そのバリエーションとして、関連する複数教科の単元を同時に進行する形態もある。

単元内自由進度学習を進めるにあたっては、「学習のてびき」と呼ばれる学習カードが使用される。そこには、単元のめあてや学習内容、学習課題、基本的な学習の流れ、学習活動に対応する教科書のページや動

プロローグ　授業で「問う」ことの現在——個別最適化の問題　　15

画コンテンツなどが示されている。

　子どもたちは、そのカードに沿えば単元の内容を進めていくことができるようになっている。自分のペースで進められるというメリットはあるかもしれないが、学習は一定のパターンで固定化されることになる。そうなると、教師主導の画一的な授業を個別化された形態に置き換えただけにとどまることになってしまう。

　また、学習カードにはICT活用の場面も多く指示されている。それらは、インターネットで調べる活動をはじめ、QRで実験や観察の動画にリンクするものなどである。学習活動を個別化する以上こうした調べ学習のかたちをとらざるを得ないのだろう。しかし、こうした調べ学習は、ホンモノに触れることとは大きく質の異なる活動である。東京大学社会科学研究所とベネッセ教育総合研究所（2023）が行った小中高校生の学校と家庭でのICT機器利用に関する調査によれば、探究的な学びでICTを活用する機会が多く、目的としては「学習内容について調べる」が最も多かった。自由進度学習において学習課題や学習方法、学習のリソースの決定権が子どもに保障されない場合、個別化はされていても画一的でリアリティを欠く学習となる危険性を多分に抱えていることに注意する必要がある。

3.授業を再定義する
──「問う−応答する」関係の実践に向けて

　以上に指摘したように、現在強調されている個別最適な学びは、子どもたちのあらゆる多様性を包摂するような万能薬ではないし、一面的な理解の元では逆に個別でも最適でもない学びを展開してしまう危険性がある。最後に、この危険性を回避していく授業づくりの課題は、「問う−応答する」関係の回復にあることを指摘したい。それは、個別最適な学びにおいてまさに喪失しているものなのである。

ガート・ビースタ（Gart Biesta）は、教育についての語りが「何が教育的に望ましいのか」「教育は何のためにあるのか」という規範的な問いから「学習」「学習者」に置き換わってきていることを「学習化」と表現し、警鐘を鳴らしている（ビースタ、2016）。この学習化の言説においては、学習者が自らのニーズを知っているという想定に立ち、学習者のニーズにいかに応じるかが重視される。そのため、教育の内容と目的を問うことを困難にし、教えることの自律性を後退させていると指摘する（ビースタ、2021）。

　ビースタは、ニーズを満たすという経済原理に支配された関係性に対して、教育的な関係性の回復を主張している。ビースタの精緻な理論構成を詳細に説明する余裕はないが、その主張のポイントは、学習は計算不可能なものであり、その成果はあらかじめ特定されるようなものではないこと、学習を「獲得」としてではなく他なるもの・異なるものへの「応答」として捉えること（他者を介することで自分が何者であるか、どこに位置するのかを理解すること）、その「応答」を促す上で教師の「教育的な問い」が重要な位置に置かれている。そして、こうした計測し得ない教育的な関係性を引き受けることが「教師であること」の責任であると指摘している（ビースタ、2021）。

　本プロローグで検討してきた個別最適な学びは、ビースタが指摘する「学習化」の一つの現れであると言える。個別最適な学びにおいては、誰かが誰かに向けて問う関係性は存在せず、答える（answer）ことが一方的に要求される。それは、答えの正誤の判断であって、応答（response）ではない。また、学習（者）の理解においては、一方的に理解される対象（客体）になっていないか？データ化できる部分のみをとおしての子ども理解なのである。

　これに対し、個別最適な学びが二項対立的に批判するこれまでの一斉授業の中には、授業過程を教師と学習者、学習者同士の「問う－応答す

プロローグ　授業で「問う」ことの現在──個別最適化の問題　　17

る」関係として組織し、応答するにふさわしい問いの内実を追究してきたものが数多く存在してきた。ニーズ把握という性格とは異なる子ども理解が試みられてきた。そこでの教師の問いは、「あの子は何を問うているのか？」という性格のものであり、目の前の子どもたちの学びや、そだちへの要求がどこにあるのかをともに探る子ども理解が行われてきたのである。また、集団か個別かではなく、「集団を基礎にした個別的接近」と表現されるような、集団的・共同的な学びにおける個の学びの保障が追究されてきた（豊田、1994）。その中では、教師と子ども、子ども同士が相互に問い合い、応答し合うような「問い」のあり方が追究されてきたのである。

　こうしたこれまでの蓄積に学びつつ、しかし同時に、これまでの授業づくりがどの程度の「多様性」を視野に入れてきたかにも批判的視点を向ける作業が今、必要とされている。本書各章では、そうした挑戦的な問題提起がなされている。子どもの個としての学びの権利を保障する授業のつくり方について、読者の関心に応えるものであることを期待したい。

[参考文献]

・浅野大介（2021）『教育DXで「未来の教室」をつくろう──GIGAスクール構想で「学校」は生まれ変われるか』学陽書房。
・ベネッセ教育総合研究所（2010）『第5回学習指導基本調査（小学校・中学校版）』（https://berd.benesse.jp/shotouchutou/research/detAll1.php?id=3243）（2023.9.30確認）。
・ビースタ, G. 著、藤井啓之・玉木博章訳（2016）『よい教育とはなにか──倫理・政治・民主主義』白澤社。
・ビースタ, G. 著、田中智志・小玉重夫監訳（2021）『学習を越えて──人間的未来へのデモクラティックな教育』東京大学出版会。

・中央教育審議会（2021）「『令和の日本型学校教育』の構築を目指して──全ての子供たちの可能性を引き出す、個別最適な学びと、協働的な学びの実現」（https://www.mext.go.jp/content/20210126-mxt_syoto02-000012321_2-4.pdf）（2023.9.30確認）。
・フレイザー,N.、向山恭一訳（2013）『正義の秤──グローバル化する世界で政治空間を再創造すること──』法政大学出版局。
・今井むつみ・秋田喜美（2023）『言語の本質──ことばはどう生まれ、進化したか──』中央公論新社。
・経済産業省「未来の教室」とEdTech研究会（2019）「『未来の教室』ビジョン 第2次提言」（https://www.meti.go.jp/shingikAI/mono_info_service/mirAI_kyoshitsu/pdf/20190625_report.pdf）（2023.9.30確認）。
・奈須正裕（2021）『個別最適な学びと協働的な学び』東洋館出版社。
・東京大学社会科学研究所・ベネッセ教育総合研究所共同研究（2023）『子どもICT利用に関する調査2023』（https://berd.benesse.jp/up_images/research/ICT_tyousa_2023_231025_2_comprescom1.pdf）（2023.11.30）。
・豊田ひさき（1994）『学習集団の授業づくり』日本書籍。

I 発問の考え方

第1章
発問の哲学（フィロソフィ）と技術（タクト）——豊田ひさき

第2章
教材研究と発問——玉城 明子

第3章
発話の場づくりとしての発問——竹川 慎哉

| 第1章 | # 発問の哲学（フィロソフィ）と技術（タクト） |

豊田 ひさき（朝日大学教職課程センター教授）

　授業中、「よそ見をする子、隣と大声でしゃべる子、ボーとしている子が増えている。教室内を立ち歩く子さえいる。」と、嘆く声が私にも時々聞こえてきます。しかし、だから学級崩壊だとか、授業が成立しないと落ち込んだりしない多くの先生方を私は識っています。この差はどこから生じてくるのでしょうか。教師の発問観が一つの大きな要因になっているのではないか、と私は考えています。

　本章では、まず①発問に関する歴史的な名言を拾い挙げ、今日の視点からそれらを紡ぎ合わせて発問の再考＝哲学をしてみたい。そして②単なるハウツーを超える発問のタクトの解明に挑んでみましょう。

1. 発問の世界史

　ルソーは『エミール』（1762）で、子どもは一人の人間として人権が認められなければならない、と主張しています。「子どもの発見」です。発問についてはどうでしょう。

> 　生徒が学ぶべきことをあなた（教師）が指示してやることはめったにない。……生徒の方で、それを要求し、探求し、発見しなければならないのだ。あなたがたはそれを彼らの手の届くところにおき、巧みにその要求を生じさせ、それを満たす手段を提供すればよいのだ。

　教師は、授業の中で子どもの主体性≒人権を尊重せよ、ということです。「はじめに」の冒頭で、教師は、教えたいことを直接子どもに教え

てはならない、と述べた理由もここにあります。直接教えると、子ども
は教師（＝「権威者」）から教わった事柄を鵜呑みにしてしまい、自分
で考えようとしなくなります。教師の仕事は、「自分で正しく考える」
ことを教えることです。だから、農奴から解放されたばかりの領民の子
どもに無償の教育を施そうとしたプロイセンの啓蒙君主ロヒョウは、主
著『国民性と教育』（1781）で、次のように警告します。

> 　子どもには、教わった事柄を鵜呑みにせず、自分で正しく考えることを教
> えなければならない。……自分で考えないということは、道徳上よろしくな
> いからだ。

　ロヒョウの警告も、近代学校教育の哲学です。当時は、まだ「信じ
よ、そして疑うな」という戒律が支配する──教科書（当時の読み・書
きの主要な教科書は『小教理問答書』）を暗記していないとムチ打たれ
た時代です。彼の画期的な時代の先取りは驚きですらあります。だから
彼が亡くなると、時の政治権力はすぐ学校を潰します。よほど目障り
だったのでしょう。

　世界史的な視点から見た発問の真打は、ドレスデンの師範学校長ディ
ンターの『問答法の最良規則』（1803）にある下図です。

旧い授業法	新しい授業法
○子どもは、教師（教科書）が主張していることを真理であると了解する。 ○教師は、教え伝える人である。	○子どもは、他人の主張を了解するのではない。真理だと認めねばならものを自分で探し出し発見する。 ○教師は、真理を共に追求する仲間である。だから教師は指導していると子どもに気づかれてはならない。

　今から200年以上も前に、ディンターは先のような発問構想を掲げ

第1章　発問の哲学（フィロソフィ）と技術（タクト）　23

て11、12歳の教師志望者に教えていた事実に驚いたのは私だけではないでしょう。子どもから見たら、「教師は共に真理を探求する友だち」。だから、指導されていると子どもに気づかれてはならない⇨そのために教師は発問を使って指導していることを隠す。今日も求められている発問づくりの原則です。

　日本ではどうでしょう。私が発問に関する学位論文を書いている過程で発見したことの一つに、次のような事実があります。教育書に「発問」という用語が本格的に登場してくるのは、20世紀直前ぐらいからです。たとえば育成会編纂『発問法』（1899）は、発問を以下のように定義づけています。

(a) 児童の心意に刺激を与え、旧観念を復起せしめて新来の観念と容合する過程を作るは、是重要なる手段にして、其手段正しければ、児童は自ら観念交互の作用を行ひて、想像悟性等の心象を作るに至るべし、教師は、唯だ其手段のみを盡して、児童を其心的作用を行ふを得べき順程に置くに過ぎず、是発問の本（もとづ）く所にして、又其目的とする所なり、故に発問は、児童に知識を与ふるものに非ずして、児童が智識を作るべき順程を、与ふるものたるを知るべし。

　授業における教授活動は、子どもが自己活動的な学習活動によって新知識、新技術を、わがものにしていくことが可能になるような「順程」に彼らをのせる——つまり、教師の教えたいことを子どもの学びたいものに替えることです。発問の目的は、発問をしてこの教授作用を機能させる手段にすることです。発問は子どもに知識を与えるものではありません。しかし、発問なくして教師は教えるべき知識を子どもがわがものにする「順程」を彼らに保障することはできません。これが『発問法』の発問観であり、教授観です。

　さらにもう一つ、同書は子どもを学習の主体にするために記します。

(b) 発問を以て、児童の思想界中に存する観念を呼び起こし求知の欲望を起こさしめ、其活動を促がして観念交互の作用を行わしめ、児童が自ら為し得る所のものは、教師は決して自ら為す如きことあるなく、唯児童が活動を容易にし、観念作用を完成し得べき補助のみを与ふる時は、児童は自ら探求に勉め、成功を得て、喜悦の情伴ひて発生すべし、即ち児童を以て活動の中心と為し、或は事物の観察を促し、既知の規則を応用せしめ、其実例を発見せしむる等は、皆発問に依りて行ふ。

　ここに引用した(a)(b)は、今私たちが、発問とは何か、を考え直そうとしている課題意識をそのまま先取りしている、と言っても過言ではありません。今から100年以上も前にここまで示唆した育成会とはいかなる団体でしょうか。この組織は、雑誌『教育実験界』（1898年創刊）を編集している団体で、明治31年1月に結成されました。在京賛成員としては、高等教育会議員伊沢修二、女子高等師範学校長高峰秀夫、高等師範学校助教諭樋口勘次郎、秋田師範学校長槇山栄次等各県師範学校長というそうそうたるメンバーです。

　世界へ目を転じると、デューイが『学校と社会』（1899）を、エレン・ケーが『児童の世紀』（1900）を著し、新教育運動のウエーブが世界に巻き起こり始める時と重なります。

　もう一度、先の槇山栄次に戻ると、彼は、「発問法に関する研究」（『教育実験界』第2巻第3号）で、子どもに、教師の『正答』を忖度して答えさせようとする発問は、「愚の骨頂」と厳しく指摘しています。そして、『新教授法の原理及実際』（1917）では発問の定義は次のように深化します。

　発問は之を受くるものをして自己の発問を為さしめ、然る後之に答えしむるのである。一口に云えば自問自答を為さしむるものである。……教師は発

問法を適用して自問の代理をするのである。即ち結局は教師の手を俟たずして自ら問ひ、自ら活動するの習慣を造るのが其の主要なる目的である。

この発問観は、次のようにまとめられます。

あくまでも問うのは子どもである。しかしまだ子どもは問い方を知らない。だから、教師は子どもに問い方を教えていくために発問をする。この点で、教師の問いはいつも子どものそれの「代理問」です。教師は自己の発問を子どもの「代理問」として意識し、授業においてこの代理の問い、すなわち代理発問を意図的、体系的に仕組んでいくことによって、子どもに問うこと（＝学問の仕方）を教えることができる。

従来のように、教師は発問をして子どもに「正答」を忖度させていくことは、それこそ「愚の骨頂」の行為だということになります。子どもに「正答」を期待するのではなく、誰に気兼ねすることもなく堂々と「私はわかりません。皆さんはどうなのですか？」「先生、私にもわかるような授業をしてください。」という発言（＝学習要求）を促す必要が出てきます。先の槇山の発問定義は、この事実を私に気づかせてくれました。全ての子どもに、学力を保障する「学習集団」の授業づくりに半世紀近く取り組んできた私の背中を強く押してくれた発問の定義です。

2．発問づくりの出発点

槇山の発問定義は、教師が発問を構想する際の出発点を示唆してくれます。戦前からの生活綴方教師東井義雄は、小学校教師になって3年目（22歳）の時に次のような実践をしています。（「柿の研究」藤原の事例（5年理科））。

[たねの中]
　西田君が小刀のさびをふいて、柿を二つに切った。するとたねがたてに切

れて、（はい＝胚）が、しゃくし菜の小さいののようだった。しゃくし菜のようなのは葉が二枚あった。どれも二枚あるのかと思い、又種をわってみたら、又二枚だった。なぜ二枚に決まっているのだろう。養分がよけい行き渡ったら三枚ぐらいにならないのだろうか。そう思いながらもう一つわってみたら、又二枚だった。はてな、養分を送るすじが、きまった養分を送ったらもう次のに渡してしまうのだろうか。考えれば考えるほど不思議だ。

　（はい）は、二つの白い（はいにゅう＝胚乳）につゝまれている。（はいにゅう）はなかなかかたい。やわらかい（はい）が、このかたい（はいにゅう）の中をどうして出て行くのだろう。中からわるといっても、ぼくらが小刀でわらなければならない位かたいのに、この白びょうたんが何で二つにようわるのだ。それならどうしてわるのだろうか。……

[**果実のつぶつぶ**]

　柿の実の中には、黒いつぶつぶがある。それをなめてみると甘い。青い時はこんなつぶつぶはなくてしぶかったのに今は甘い。このつぶつぶはどうして出来たのだろう。やっぱし人間の様に、養分を食って（い＝胃）や（ちょう＝腸）の様にこなしたり、いろいろなものとまぜたりして、黒い甘いものをこしらえるのだろうか。青いのや小さいのは、まだ大きくなることに養分を使っていて、もう大きくなったと思ったら、ぼつぼつ甘いつぶつぶをこしらえるのだろうか。

　甘いものは、どこも同じ様に配ったらいゝな。よけいある所やちいと（＝少し）ある所なんかをこしらえない様に、したらいゝな。そしてもっと早く甘くなる様に、大きくなるのと、一しょにしたらいゝな。そしたら仲間がよけいふえるだろう。それでも、そうすると養分が足りなくなるかもしれない。それなら肥料をよけいやればよいことになるが、なんぼよけい肥料をやっても、早く甘くならない。なぜだろう。その機械がこんな小さなものゝ中にはないのだ。不思議なことがなんぼでもある。

　　　　　　　（東井義雄（１９３８年）「『生活の綴り』と他教科」『綴方学校』）

　この子たちは、東井が新任で３年生を担当して以来４、５年と持ち上がった子。随所にああでもない、こうでもない、でもこうかもしれない

ぞ……と考えながら研究を続けていることが読み取れる。理科の自由研究をさせた時（＝1934年）の研究ノートで、東井によると能力は中位だそう。東井はこのノートは決して優れたものではないが、どれも2枚あるのかと思って……行動、観察。なぜ2枚にきまっているのか……行動、観察が窺える。だから、これをあと一押しして学級全体の発問にしてみたら面白い。これを借りれば、自分（＝東井）が子どもたちに考えさせ、気づかせ、発見させる契機にできる‼ という閃きが発問づくりの出発点になるのではないでしょうか。

　先の子どもは、子葉の数はなぜ2枚か、3枚もあるのではないか、1枚だってあるのではないか、と疑問に思い、観察し、考え続けようとしている。教科書の「正答」を暗記するのではなく、自分で問題を立て、仮説を立てて真理に迫ろうとする姿勢を育むための一環として、東井は発問づくりを構想していたのです。

　このような発問づくりは、高等学校でも求められます。この東井の実践と同じ時期、ミツバチ研究の世界的権威者桑原万寿太郎は、北海道帝国大学を1933年に卒業して高等女学校（今の女子高等学校）で、理科の講師をしておりました。次に示すのは、その時のエピソードです。

　「サクラの花には五枚の花弁がある。その下には五枚の萼（がく）がある。」という調子でそのころの教科書を教え込む気にはどうしてもなれない。（そこで）ソメイヨシノの花を四〇人の生徒全員に渡し、「サクラの花弁は何枚か」と聞くと、彼女達は手元にある実物をちらりとも見もしないで、「五枚」と答える。「本当にそうか、数えてごらん」と私が言うと、しぶしぶ彼女らは数えだす。ところがさあ大変。まれにではあるが、四枚のも出てきた。六枚のも出てきた。彼女たちは大発見をしたかのように驚いている。そこで私は言った。「どうやら四枚でも六枚でもあり得るのに、大部分が五枚なのだ。不思議と思いませんか。これが自然の法則です」と。次に、「おしべは何本だろう」と聞いてみた。今度はみな一生懸命に数える。そして「決まりはないと思い

ます」と答えた。そこで四〇人クラス全員に五個づつの花について数えさせ、黒板に集計をとった。横軸に本数をとり、縦軸に各本数の花の個数をとってグラフにしてみると、みごとに三六・七を極大にして左右にきれいなすそをひく曲線。もうそれだけで、（生徒は）ここにも自然の法則が厳然としてあることを知ってくれ、何か襟を正したような厳粛な空気が流れた。その時の生き生きと輝いた彼女たちの目を、私は忘れられない。それ以降、皆（私が教える）理科を好きになってくれた。

　　　　　　　　（桑原万寿太郎（1958年）「理科教育雑感」『教育と医学』）

　ここで桑原は、⑦花びらは５枚という「正答」をゆさぶり⇒時には、４枚や６枚があったりするが普通は５枚という「自然の法則」に気づかせる。さらに「おしべは何本」と数えさせ⑦「決まりはないと思います」をもう一度ゆさぶって、統計をとりグラフを作り36・7を極大にして左右にきれいな曲線を皆で描く。子どもの⑦⑦の反応を借りて「ゆさぶり」を創り出していることに注目したい。

　もう一つ、東井からの引用。彼は豊岡国民学校の最後の年（1941）に２年生を担任。これはその時の親・子・教師の学級文集『日本の新しい芽たち』で、親に望ましい「学び方」を説明している記事です。

　　理科で桜の花を調べましても、二つの学習の仕方が出来ましょう。一つは、花びら五枚、おしべ何本、めしべ何本と、頭の中にしまいこんでおく方法。もう一つは、「おやおや、この花びらは五枚、こっちのも五枚、これもやはり五枚、おかしいなぁ、みんなで相談してきめたんだろうか。一つぐらい間違えて、四枚のがあったり、六枚のがあったりしそうなのに、どれもこれも五枚なんて、不思議だなぁ」と、体全体に感じつつ、花びらの五枚を学習していく方法。

　　（また）でんでん虫一つ調べても、お上品そうに、手をふれるのもいやそうに、「でんでん虫には家があって、頭には角があります。」を見つけるのがせいぜいだというような子供には満足できないのです。さわってみ、ころがし

第1章　発問の哲学（フィロソフィ）と技術（タクト）

てみ、競争させてみるというふうに、でんでん虫の生活の中に没入して、驚き、面白がり、発見するというような子供が欲しいのです。（さらには）「虫とでも、花とでも、何とでも仲良しになれ、友だちになれ、そだててやれ。一しょにあそべ。話しかけてやれ。かわいがってやれ。ひやひやしながら、こうしてやったらどうだろうと胸をときめかしながら、にこにこしながら工夫し、見つけてやれ。」と言ってきました。

（豊田ひさき（2024年）『東井義雄　授業実践史』）

と、子どもにさせたい学習法を母親にも丁寧に報せて、共同戦線を張ってほしいと訴えている様は、注目に値します。桑原と東井の実践は、いずれも今から90年以上も前のものです。ここで明らかになったことは、「ゆさぶり」は教師独りで考えるものではなくて、子どもの反応に助けられながら子どもたちと共に創り出していく、という実践的原則です。この点が、齋藤喜博のように教師独りで考える「ゆさぶり発問」と決定的に違うところです。

最後に、「大阪授業をつくる会」の仲間が行った、小学4年「ごんぎつね」の授業で起こった「事件」を紹介しておきましょう。場面は、「兵十は、物置でなわをなっていました。……「ようし。」兵十は、立ち上がって、なやにかけてあるひなわじゅうを取って、火薬を詰めました。」

一人の子どもが、「この文おかしい‼兵十は物置で縄をなっていた。そして、『よおし。』と言って立ち上がって、納屋にかけてある火縄銃を取って……。こんなに間が開いていたら、ごんが逃げてしまう！」。見ていた私は、勉強は苦手だがスポーツ万能の彼らしい気づきだと思った。この発言を契機に、教室は大騒ぎになる。多くの子が「本当だ」と同調する。「兵十の家はすごく貧乏なんでしょう。だのに建物が、家と物置と納屋と三つもある。」「私の家より大きい」と言う子まで出てき

た。教師もわからなくなり、「先生もわからなくなってきた。今日はこ
こまで。でも、みんなはすごいね。教科書の文章がおかしいとまで言い
出す。先生もうれしい！」と言って授業を終えた。

　気になった私は、後で『校定新見南吉全集』に当たってみた。南吉
の草稿では、全編全て「納屋」です。この場面は、兵十は［納屋で縄を
なっていた⇨ごんを見つけた⇒『よおし。』兵十は、立ち上がって、丁
度納屋にかけてある火縄銃を取って］と全くスムーズです。同じ納屋だ
から、「丁度納屋にかけてあった」と「丁度」なのです。納屋と物置と
別々に離れていたら「丁度」ではない。だが教科書では、そして現在市
販の絵本でも、全編納屋が物置に書き換えられています。しかし、この
箇所だけ、納屋のままになっている。「物置」は恐らく『赤い鳥』主宰
鈴木三重吉によって、都会に住む子どもにわかりやすいようにと書き換
えられた。つまり、三重吉がここだけ書き換え忘れたのではないか、と
私は推測しています（豊田・門川、2005）。

　教科書の文章がおかしい、本当だ、兵十は貧乏なのに建物が三つ、私
の家より大きい……と教室が騒然となる。子どもによるこの発言のしあ
い・聴きあいの中に教師も巻き込まれ、先生もわからなくなったと一時
ギブアップ。私もこの対話・討論を目の当たりにし、南吉の草稿を読み
直しました。おかげで大学教授である私も学び直しができました。この
ような「主体的・対話的で深い学び」を創り出す契機が、真正な「発問
づくり」なのです。

第2章 教材研究と発問

玉城 明子（大阪大学大学院人間科学研究科准教授）

「なんかさぁ、おもしろくできへんかな？」

「あっ！じゃあさ、スーパーボールすくいとか、使えるんじゃない？」

「それ、めっちゃいいやん！」

「まっちゃまち（大阪の玩具問屋街　松屋町）まで買いに行くわ！」

　この会話は、「世界に誇る和紙」（『国語教科書4年下』、光村図書出版）説明文教材について、研究仲間の10名程の教員が一緒に教材研究を行ったときの会話です。教員それぞれがこの説明文教材に向き合い、一緒に悩み、考え、ともに解釈を深めていく。それぞれ思い描く学級の「しんどい子」に届くような導入はどうすればよいかと考え、興味深いアイディアが出てくると、その発言に刺激され、それならこれはどうだ、いや、あれもいけるかもと、次々アイディアが出てきたときの様子です。この事例は、わたしも長年参画させてもらっている「学習集団づくり研究会大阪サークル授業をつくる会」で、現場の先生方と色々な人の見方を交流することで、より教材の本質に迫り見出された本質が授業づくりに生かされていった一例です。

　本章では、小学校教師として長年実践研究をみがきあってきた仲間の実践例をもとに、教材研究と発問について取り上げます。

1.教材研究と発問

（1）教材研究と教材解釈

　教材研究と教材解釈。まず、この両者の関係性を整理しておきましょ

う。

　鶴田清司（2004）は、教材研究と教材解釈について以下のように整理しています[1]。

> 　教材研究とは教材の本質を深く理解した上で、その教材を通じて学習者にいかなる能力（自然・社会・文化などに関する知識・技能・態度）を身につけさせるか、そして、そのためにどのような授業を構成していくかを考えることであるという。そこには、学級や学習者の実際の把握、教材の選定・開発とその検討、教師の願いや授業目標の明確化、授業計画（展開案）、指導・評価のあり方などに関する総合的な判断が求められる。（中略）教材解釈とは、こうした教材研究のひとつの作業を表している。それは、教材の本質を深く理解することである。（後略）

　子どもが主体的に参加できる授業をするには、教師による豊かな教材解釈が不可欠です。

　まず教師が豊かな教材解釈をすることで、発問づくりができ、子どもの応答を予想することができます。その際、この教材でアクセスしにくい子どもは具体的に誰なのかを見つけ出し、その子どもとの応答予想を繰り返していきます。

（2）発問との関係

　吉本均（1995）は、教材、教材解釈と授業づくり、とりわけ発問との関係について以下のように述べています[2]。

> 　「よい教材」が存在し、「よい教材解釈」をしておきさえすれば、そこから自動的に『よい授業』が生まれてくるか、どうか。わたしは、そうは思わない。「よい授業」をつくりだすために、もっと具体的・実践的には、この「発問研究」のレベルがきわめて重要なことになる。
> 　「教材解釈」のレベルは、まだ、一般的であり、客観的な立場なのである。しかし、これでは、まだ、子どもたちの思考をつき動かし、子どもたちを思

> 考状況におい込むまでには至らないのである。教材との対決に子どもたちをおい込み、思考をつき動かすこと、その一歩一歩が「発問」なのである。教材解釈のレベルは、いまだ「解釈する立場」であり、評論、説明の立場である。しかし、大切なことは、子どもたちの思考や認識を「変革する」ことである。子どもを変革する授業過程の論理は、「発問研究」にまで具体化されなくてはならないといえるのである。だから、授業の科学の一つの中心は、この「発問研究」にあると思うのである。(中略)子どもたちを活発な対話と討論と問答に導きいれるもの、それにおいこんでいくことのできるもの、それが教師の「発問」だといえる。対話や討論や問答という「自己活動」を学級内部にまきおこしてくるところに「発問」のねらいがあるといえるのである。
> 「発問」においては、教師の直接の指導性は、かくされているのである。いや、かくされなくてはいけないのである。

　このように、教師の豊かな教材解釈のもと、子どもと教材をどう向き合わせるか、「姿なき子どもとの対話」から、より本質にせまる発問で学習内容にせまる必要があります。この際、教師の教材解釈の結果が唯一無二な「正答」として教師側の論理にひっぱりこまず、教師も子どもともに教材解釈する成員として向き合う意識が必要です。

　一人ひとりの子どもを想定した「子ども理解」、この教材を「教材解釈」した上で、子どもと教材内容との出会いをどのように考えるか。ここには教師の「指導観」が大いに影響します。教師の教えたい内容を子どもにつなげるためにどのような「発問」をするのか。これらの営み全体を「教材研究」と考えていきます(図)。

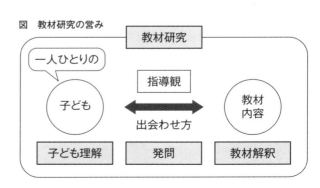

図　教材研究の営み

2.実践事例

　教師が教材とどう向き合うか。以下、本物と向き合い、教材研究を経て子ども一人ひとりの顔を浮かべながら授業をつくっていった、研究仲間でもある大阪府の小学校の和田実穂教諭の実践を紹介します。

和田実践 「小学校１年生の学級づくり・授業づくり ――子どもの生活を出発点に――」

（1）子どもの実態

> 　新型コロナウイルス感染症の影響もあって、幼児期に様々な活動に制限があった子どもたち。学習の前提となる事柄を、０歳から今までに通過した一人ひとりの学びに沿って、子どもにもう一度くぐらせてみる活動（「くぐらせ期」）として、心と体をほぐす活動、手あそびや歌、ちぎる・切る・塗るといった活動に取り組みました。全体的に穏やかで優しい雰囲気の子が多いという印象でしたが、新聞紙が破れなくて一人で泣いてしまったり、隣の子とお話しするのをとても躊躇してしまったり、自分を開きにくい印象がありました。

　和田さんは、目の前の子どもの現れから「幼児期に十分な経験ができておらず、自分をひらきにくい印象があった」と読み取り、その上で目の前の子ども一人ひとりにどのようにアプローチしようかと考え、安心して自分をひらくことができる活動を授業の中にふんだんに取り入れていきます。この「くぐらせ期」の実践は、2010年ぐらいから大阪で行われ始めた小一プロブレムの予防と就学前教育・小学校教育の学びをつなぐためのスタートカリキュラムとして、「くぐらせ期」＝幼児期に欠落していた遊びを介した豊かな経験を小学校の授業でもう一度保障していく取り組みのことです。

（2）ひらがな学習

　ひらがな学習は、粘土で「あ」の文字をつくるところからスタートします。3本のヘビをつくり、それを「あ」の字形の上に置いて、1本ずつの線の長さの違いや重なり、カーブの仕方を確かめます。授業の基本の形は、「あ」を様々な言い方で発音する（大小、高低、長短、感情表現など）ことからスタートし、字形の確認と書字、ことば集め、文づくりをしていきます。「し」では新聞紙を使った活動、「き」では気持ちの学習など、ひらがな学習が始まっても「くぐらせ期」の考え方を大切にしています。

　絵本でことばの世界を広げることにも、積極的に取り組んでいきます。例えば「あいうえお」なら、「あめだま」「いいから　いいから」「うんちしたのはだれよ」「えんそく」「おならうた」という絵本を紹介します。絵本は、多様な家族のあり方が感じられるもの、豊かな生き方が感じられるもの、みんなで楽しい気持ちになれるものなど、伝えたい思いをこめて選んでいます。読み聞かせる時間がなかなか取れなくても、朝登校したときに子どもたちから見えるように、黒板の前に並べておくことにしました。このような教師からの働きかけを次第に心待ちにしてくれる子も増え、競い合って読んだり、友だちと一緒に読んだりする子も増えてきました。

　迷路やクイズづくりも文字の獲得のための楽しいツールになると考え、高学年の子がつくった迷路を見せて「こんなんもやってみたら」と知らせていきます。すると「それは無理やで」と言いながらも、また別の子どもたちが夢中でつくるようになりました。つくったものは何枚か印刷して学級のあそびボックスに入れたり、ポスターのように張り出したりしています。

　和田さんの授業の特徴は、ひらがなの学習を国語科の中だけで完結させるのではなく、あそびを通して教科横断的に学習できるような場を設定していることです。子どもたちの意識は生活の中でたっぷりとひたる経験をすることで、国語科のひらがなの習得だけでなく、絵本と出会うことを「次第に心待ちしてくれる子」が増えたり、友だちと一緒に読んだりと活動が広がり、学校に来るのが楽しいと思えるようになり、安心

して教室文化を創り上げていくことができるのです。また、目の前の子どもたちと文字の獲得のために迷路やクイズづくりといった活動を取り入れて、子どもと文字の出会わせ方の工夫をしています。しんどさをかかえている子どもたちもいる中で、友だちとのつながりを大事にしたいと思える活動を計画し、その結果、友だち同士のかかわりを増やせるような活動にもなっています。これが、和田さんが大事にしている、学級づくりと授業づくりを統一した、大阪でいう「学習集団の授業づくり」です。

（3）国語科「うみのかくれんぼ」授業実践

●導入

2学期に、「うみのかくれんぼ」（『国語科1年下』光村）に取り組みました。生活科と国語科を合体したような授業です。

まず、題名「うみのかくれんぼ」について考えると、「海」よりも「かくれんぼ」の方が子どもたちにとって身近であるはずです。しかし、かくれんぼすら、外あそびや集団あそびの経験が乏しくなりつつある今の子どもたちにとって、どこまで身近なものなのか分かりません。そこで最初に、今までに経験したかくれんぼあそびの話を学級で出し合いました。公園などで友だちと遊ぶ経験も減っているようで、家の中でかくれんぼをした話をしてくれた子どもも多かったですが、そのときどんなふうに隠れたか詳しく話し合いました。そして、生活科の時間に自分たちでかくれんぼをしてみようということになりました。教師は子どもがかくれているところを写真に撮り、どうやって隠れているか、隠れ方の工夫を子どもたちと後で振り返りました。子どもたちは、木の葉っぱに紛れてかくれている、溝にはまりこんでかくれている（見つけにくい色の服を着ている）と、本文の生き物の隠れ方に近いものに注目することができるようになっていきました。

次に裏庭に出て子どもたちにとって身近な生き物のかくれんぼを探しました。Aははりきって、「（うみのかくれんぼとちがって）陸のかくれんぼやな」と外へ出ていきました。Aはこちらの予想を超えて、生き物見つけの天才でした。次々に岩をどけて、大きいミミズやダンゴムシを発見していきます。

草むらでは「これはショウリョウバッタ、これは○○バッタ」と詳しい名前まで教えてくれます。子どもたちはみんな、Ａに虫の居場所や名前を聞きながら、観察していました。教師である私は、見つけたら写真を撮って、どんな場所にどうやって隠れているか分かるようにしていきました。

●子どもたちが見つけた生きもの

草むらで同じ色になっている（トカゲ、バッタ、カマキリ）
壁に張り付いている（クモ）　木の上の方に何かいる（なんだろう）
土の中に隠れている（ミミズ）　岩の下にいる（ダンゴ虫、ミミズ）
排水溝の蓋の裏にいる（クモ、クモの繭）

●本文の読み取り

　国語科の授業では本文を読んでいきました。実際にかくれんぼをするという導入で子どもたちの身近な視点からスタートさせても、国語科として新しい学びがなければ、私がめざす授業にはならないからです。本教材にある三種類の生き物の隠れ方がそれぞれ異なり、表現が変化していることにも気づかせたいと考えました。

○本文の「はまぐり」の説明の中で

　「はまぐりは　すなのなかに　あしをのばして、　すばやく　もぐって　かくれます」を読んで、「はまぐりは　どうやって　かくれるのか」を考えました。

　　・砂の中に足を伸ばすと思う

　　・足を差し込むと思う

　　・足を入れると思う

　　・足を伸ばして全部入るんちゃうかな

──動作化し始める

　　・二本の足をずるずると伸ばしながら沈んでいく

　　・ピョンと飛んで入る

　　・足を片方ずつ入れていく（←はまぐりの足ってどんなんやねん、とつっこみが入る）

──もう一度本文にかえる

・B「結局、どうやって潜るんか、分からん（イメージできない）」

──Bの発言から、はまぐりの潜るときの動画をみんなで見る。

・これが足？　なみなみしてる

・上に尻尾みたいなんある

・今のが「すばやく」の部分やな

・貝の体が横になった

・最後、からだが全部隠れた

● 発問にこだわって

　本文「もくずしょい」の説明の場面で、「もくずしょいは何を使って隠れましたか」という発問を投げかけました。

　子どもたちは自分の意見をホワイトボードに書いて、全体で出し合いました。

・はさみを使う

・海藻で体を隠す、はさみで海藻を切って体を隠す

・わかめとかの海藻を使う

・隠れるのに、岩も使っていると思う（わざわざ岩の近くにいるから）

・唾を使って、体に海藻をつける？

・押さえつけてつけるのでは

・海藻がベタベタしているから体に付くのでは

　「もくずしょいは何を使って隠れましたか」という発問では、はさみなどの道具を見つける子と海藻などの材料を見つける子がいるだろうと応答予想していました。子どもたちは海の中に何があるのかイメージしにくかったようですが、前段階で石と岩のちがいが気になって議論になっていたので、「隠れるのに岩も使っているはず」という意見も出てきました。結局のところどうやって体に海藻がひっつくのか、本文を読んでも疑問が残ってしまいました。そこで、図鑑で予習をしていた子に聞いて、みんなで図鑑の文章も読んでみました。動画も合わせて見てみると、新たな発見があり、海藻が引っ掛かりやすいように体に細かい毛が生えていることにも気づきました。

　また、もくずしょいの「へんしん」という言葉に注目させるために、「自分

第2章　教材研究と発問　｜　39

たちがへんしんしてかくれるとしたら、なにを使って、どうやって、かくれるか」と尋ねてみました。

- ・布団に潜って布団にへんしんする
- ・黒い布をかぶって黒い壁にへんしんする
- ・白いところに行って雑巾と白い紙をテープでひっつけてかくれる
- ・はだかんぼになって肌と同じ色のところに行く
- ・自分の体にテープやのりを付けてボールをひっつけて隠れる
- ・毛糸を体につけてへんしんする
- ・ペンで体を塗る。
- ・ミカンをいっぱい食べてミカン色になってへんしんする
- ・ご飯粒をいっぱい付けておにぎりにへんしんする。鮭も付けたら鮭おにぎり。
- ・葉っぱを体に付けて森に隠れる。（Ｂ）
- ・付箋をいっぱい貼ってカラーモンスターにへんしんする。（Ａ）

　もくずしょいの隠れ方の特徴である「体に何かを付けてへんしんする」というところから逸れてしまった子もいましたが、Ｂが「葉っぱを体に付けて森に隠れる」と最後に発言したので、子どもたちは「体に付けるというのは、もくずしょいと一緒だね」とまとめました。続けてＢが、自分の家に隠れているこびとの（イメージの）話をしたので、図画工作科の作品づくりの「森に隠れているこびと」のイメージにつなげていきました。

　この実践からは、子ども一人ひとりの学びをかかわりの中でどのように保障するか、試行錯誤した様子が伝わってきます。この授業実践の様子を発表された研究会で、ＡさんやＢさんのよさをまわりの友だちにどのように広げていくか、かかわることで学びが深まる様子を紹介してもらいました。

　佐久間敦史（2016）は、大阪の実践で使われている「相互作用」とは、しんどい子や多様なアイデンティティの子どもが同じ教室にいて、仲間とのかかわりの中で問答しあい、刺激されあいながら自己を更新していくことで獲得される力と述べています[3]。まさに仲間とのかかわりを授

業でどのように呼び起こすか、これは子ども理解、発問、教材解釈をすべて含めた豊かな教材研究からしか生まれないとわたしも考えています。もくずしょいの発問は、教師も子どもも教材本文に本気で向かい、子ども同士のかかわりが生まれた、まさに教材研究の結晶であるといえるのではないでしょうか。

3. 目の前の一人ひとりを大切にした教材研究としての発問づくり

　発問づくりは、目の前の一人ひとりの顔を浮かべながら、「あの子はこの発問で顔をあげてくれるかな？」と、姿なき子どもとの対話をこれでもかこれでもかと想定する営みです。子ども一人ひとりと指導内容をどのように出会わせるか、出会いのコーディネーターとしての授業づくりには豊かな教材研究が必須なのです。

　本書第1章でも触れられているように、発問は、「子どもの自問自答能力を育てるために教師が代理で問う」という槇山栄次の代理発問観を出発点にする必要があります。教師の教えたいことを子どもの学びたいものにするために、教師はどうすればよいでしょうか。それは、まずは教えたいこと（指導内容）に教師がとことん向き合い、おもしろがることが大切です。そして、このおもしろさに教師がひたる作業に子どもたちをも巻き込んでいく仕事こそが、発問づくりの出発点ではないでしょうか。

　本章の冒頭で取り上げた事例「世界に誇る和紙」では、子どもたちにはあまり身近でない和紙について、和紙のよさを実感しないまま説明文を読み進めるよりも、和紙にたくさんふれ、あそびを通して和紙の強度やしなやかさなどに気づき「和紙ってすごいやん！」と実感した上で説明文を読み進めることで説明文の内容、構造に気づくことができるのです。目の前の子ども一人ひとりを想定して、各教科を横断したカリキュラムマネジメントによって構想された教育実践を行うことで、国語科の

第2章　教材研究と発問　41

本単元のねらいである文章表現に、より着目することができます。スーパーボールすくいという、一見、国語科の学習内容とかけ離れた活動を取り入れることで、教師の教えたいことが子どもの学びたいことに変わるきっかけになるという本事例は、教師がこの説明文で取り扱われている和紙について、歴史、材質、種類、経済、用途など教師仲間でとことん調べあい、分けあい、みがきあった教材研究の結果でないでしょうか。

　子ども一人ひとりの持っている力を、となりのあの子とかかわることでもっと学びの本質にせまることができる、そんな授業づくりをめざしていきたいと思っています。

［注］

1　鶴田清司（2004）「教材研究と教材解釈」『現代教育方法辞典』日本教育方法学会、207頁。
2　吉本均（1995）『思考し問答する学習集団──訓育的教授の理論（増補版）』明治図書、132～133頁。
3　佐久間敦史（2016）「同和教育実践と学力保障──学習集団による授業づくりとともに」『教育実践研究』大阪教育大学教職教育研究開発センター、10号、39～45頁。

第3章 発話の場づくりとしての発問

竹川 慎哉

1. 授業における発話のポリティクス

　小学校4年生道徳の教科書に「お母さんのせいきゅう書」という教材がある[1]。ある朝、たかしは一枚の「せいきゅう書」をお母さんに渡す。そこには、「お使い代」「おそうじ代」「おるすばん代」として500円と書かれていた。お昼になり、お母さんはたかしに500円とともに小さな紙切れを渡す。そこには、「親切にしてあげた代」「病気をしたときのかん病代」など「0円」の請求が書かれていた。それを目にしたたかしの目には涙があふれました……というストーリーである。以下は、この教材を使った道徳の授業でのやりとりである。

教師「さあ皆さん、いつもお母さん、どんなふうにみんなに接してくれる？」
児童「ぼくのお母さんはやさしい」「怒るときはこわいけど、いろいろやってくれる」
教師「お母さんの存在って大きいんだな。」

　※教科書の内容に入る

教師「お母さんは、どんな気持ちでたかしに請求書を渡した？」
児童「私はたかしにいろんなことをしている。それでもたかしにはお金をもらってないよ。」
児童「私の宝物はたかしだから、お金なんてもらわないよ。」
児童「お金はいらないから、そのかわり、たかしの成長を見せてね。」

　※「家族にはお金を求めないのが当然だ」といった意見が大勢を占める中、1人の男子児童が異なる意見を発言する。

44　Ⅰ　発問の考え方

> 男子児童「子どもっていいな。えらいことするとお金がもらえるから、私も子どもがいいな。」
>
> ※手元のメモには、「私は0円なのよ、お母さんの気持ちになってみなさいよ。せっかく家事とかをしているのに。子どもっていいな。えらいことをするとお金をもらえるから」と書かれていた。
>
> 教師「でも、お母さんは0円の請求書を渡した。お金がほしい、いいなと思うんだったら……」
> 児童「たしかに、1円、10円、100円でも書いて渡せばいい。」

これはあるテレビ番組で放送された授業の一場面である[2]。異なる発言をした男子児童はそのあと意見を言うことはなかった。番組では男子児童に発言の意味を尋ねていたが、「お母さんは家事とかしているから、お金をいつももらえないから、お金をもらいたいって気持ちがあってこれを書いた」と述べていた。共働きで仕事をしながら自分のために家事もこなす、母親のことを思っての発言だったのである。

このエピソードに示されているように、授業においては、コミュニケーション行為を通して関係が生成されている。佐藤学が指摘するように、授業で展開される言語過程は、対象世界（教育内容）を認識し、表現し、伝達する機能だけでなく、自らのアイデンティティを表現したり、社会的関係を構成・維持する機能を果たしている[3]。上記の授業で言えば、教材文に対して道徳的な判断をしているだけでなく、自分にとっての家族という存在を表明するとともに（実存的実践）、男子児童の家族への思いが否定される結果になったように「家族」をめぐる社会的関係（支配的家族像とそうでないもの）を再生産している（社会的・政治的実践）。

こうした授業コミュニケーションの社会的関係は、家族や母親の役割についての子どもたちの認識に示されているように、社会の権力構造と

第3章　発話の場づくりとしての発問　45

リンクはしているが、相対的に自律的なものとして理解する必要がある。上記のやりとりの中では、男子児童の意見を受けとめ、家族の有り様を捉え直す契機が確かにあった。教師の発問が子どもの認識の次元のみならず、社会的・政治的な次元でコミュニケーションの範囲を線引きしているのである。教室における社会的関係は、教材や教師の発問に媒介されて「生成」しているのであり、固定的にそこに存在しているのではない。だとすれば、どのような教師の問いかけが授業における発話のポリティクスを編み直すのかが検討されなければならない。そこで本章では、授業における発話のポリティクスに対して、従来の発問研究がどのように応えるのかを検討し、そこから導き出される課題を乗り越える発問のあり方を「発話の場づくり」として提示することを試みる。

2．授業の非政治性の捉え直し

　上記のエピソードにおいて、教師はこの男子児童を授業から排除しようとしていたとか、教師の考えを強制的に押しつけようとしていたわけではないだろう。根底にあるのは、日本の学校教育に広くそして根強く浸透している「非政治性」という前提である。すなわち、授業の内容やそこで遂行される教育技術は社会の権力関係から距離を取った非政治的営みである（あるべきだ）という前提であり、同様に教師や子どもを非政治的な存在として捉える見方である。

　しかし、授業を認識形成の過程であるとともに社会的・政治的関係性やアイデンティティ形成の過程と捉えた場合、教室で教え学ぶことは社会の権力関係から中立ではありえない。カリキュラムの社会学的研究が明らかにしてきたように、学校教育で教えられる内容は「選択」されて構成されており、その「選択」の基準において支配−被支配、中心−周辺関係が反映されている。また、それを教える教師も学習する子どももそうした社会の政治構造に配置され、社会的文脈を生きる存在なのであ

る。

　こうした前提に立ってカリキュラムや授業づくりを進めていく必要があるが、政治的実践として授業実践を組織する理論研究の歴史は日本においてはそれほど長いものではない。特に1960年代の教育内容の現代化、授業づくりを牽引してきた教科教育の民間教育研究団体は、教科内容の系統的な配列とその獲得のための教材や発問づくりを提案してきたが、その関心は科学の中立性を前提とした教科内容や教材、教師の教授行為の中立性を前提とした教育技術の開発に向けられており、それらの政治性を顕在化する授業理論の構築に充分な関心は向けてこなかった。

　また、こうした「中立的教授学」を批判する立場においても政治的実践をいかに組織するかの議論は充分ではない。佐藤学は、「中立的教授学」に対する批判が隠蔽的な立場であれ暴露的な立場であれ、権力や権威の排除を試みる点で同一であると指摘し、教育実践を政治的実践として編み直すことを提案する。その編み直しの方略として、佐藤は、教室における教師と子どもの「著者性」の樹立を主張している。一人ひとりの認識と表現の個性を剥奪し人間関係を非人称化する「中立性」に対して、意味の主体的形成者として教師や子どもを捉え直し、その共存・連帯を形成することが教室を公共的空間として再構築する政治力学を生み出すというのである[4]。しかし、佐藤の議論においては、授業における著者性の樹立が教師のどのような働きかけ、授業づくりレベルでの仕掛けによって可能なのかは明確に示されていない。

3.学習集団論の発問論

　子どもたちを様々な差異を抱えて学ぶ存在として捉え、学級で共同的に学ぶ授業は、吉本均の学習集団論で提起されていた。吉本は、授業成立の原則として「陶冶と訓育の統一」と「教授と学習の統一」を挙げる[5]。

「陶冶」とは、知識、能力という観点のもとで教科内容が習得されていく教育過程を意味し、「訓育」とは子どもたちの価値観や価値基準、構え、確信、行動様式の発達を目的としている教育過程の側面である[6]。「陶冶と訓育の統一」とは、人格の形成・発達において両者が不可分の関係であること、すなわち科学的真理・真実に基づいた知識や思考力は子どもたちの確信や行動様式の確立にまで発展することで定着するものであり、また逆に価値基準や構えの変容は知識や認識の変容を不可欠とするということである。吉本は別の表現で「ひとりで『わかる・できる』とみんなで『わかる・できる』の統一」と述べている[7]。

　また、「教授と学習の統一」とは、教師が教えたいものを子どもが学びたいものへと転換することによって、授業を教師が働きかける行為と子どもが能動的に応答し学び取ろうとする行為との相互主体的なプロセスと捉えることを意味している。それは、子どもの主体性を否定する教師の伝達でもなく、逆に子どもの主体性の名の下での放任とも異なり、教えることの成立を子どもの自己活動が生み出されることに根拠をおく、教師の指導性を積極的に位置づける発想であった。吉本は、こうした学習主体の形成を導く教師の指導性を「媒介的指導」と呼んでいる。授業とは、子どもの側からは習得の過程であり、教師の側からは媒介の過程なのである[8]。

　吉本は、媒介的指導のための教育技術として、以下の3つの次元の構想力を挙げている[9]。

①「見えない」教科内容を「見える」教材（教具）＝解釈づくりとして手段化し、具象化するイメージとしての構想力
②教材＝解釈づくりにもとづく働きかけによって、学習集団がどのように応答し、どのように対立・分化するかを予想し、イメージ化する構想力（発問づくり）

48　Ｉ　発問の考え方

③ 授業の中で、子どもたちの意見や解釈を組織したり、方向付けたり
する刻々の構想力（ゆさぶりなど）

①、②は授業前の指導案づくりとして行われ、③は授業の真っ只中で
遂行される教師のタクトである。このような教師の授業構想力が学習集
団を「対立・分化」から「共感・統一」へと向かうように行使されてい
くことによって、「陶冶と訓育の統一」「教授と学習の統一」が成し遂
げられるという論理である。

吉本の学習集団論において重要なのは、授業における教師の指導を科
学的真理・真実の探究と同時に関係性の組み替えに子どもたちを向かわ
せるものとして性格づけている点である。対立・分化を予想した発問
は、一方ではわかっている子に問いただし、抵抗しながら、他方では
わからない子のつぶやきやつまずきに味方し、両者の間に「かかわりあ
う」関係を創り出していくものである。吉本自身は、授業の「政治性」
「中立性」という表現を用いていないが、子ども集団に存在する「わか
る／わからない」の分裂、わかり方の違いの背景に差別や貧困といった
生活現実を見出し、「底辺」の子どもたちに教師の立ち位置を置くこと
で授業における権力関係の編み直しを図ろうとするものだと言える。し
かし、子どもたちの多様性がより複雑化している現在の状況を踏まえる
とき、学習集団や授業過程の捉え方を再構築する必要がある。

久田敏彦は、吉本の学習集団論を「子どもの参加」の保障と意義づけ
ながら、「対立・分化から共感・統一へ」と特徴付けられる授業過程が、
子ども間の意見や解釈の違いを前提にしつつも、それをあらかじめ予定
された同一の知に収斂する閉じられた過程になる危険性を指摘する[10]。
対話による相互作用を通して真理・真実へ到達する側面だけでなく、対
話によって新たな知の真理性の基準が問い直されたり、新たに生み出さ
れたりする側面を強調するのである。

こうした知の共同探究・共同構築へと授業過程を転換する際、久田は、発問が抱え込む戦略的・操作的性格から、「発問転化型ではなく、子ども一人ひとりの真実の問いを他者につなげ、他者と探究してみたい問いをめぐって対話しながら複数の問いを立ち上げてみることを意識的に指導する必要があろう」と指摘している[11]。教師のまなざしや身体的な応答が権力的になってしまう危険性を回避し、授業における自治を基盤としながら、差異の共同によって個々の子どもの意見表明を実現しようとする重要な問題提起である。

　しかし、授業過程を知の共同探究や共同構築として捉え直すとしても、教師の発問の役割を捨て去ることはできない。そうした授業においても、直接的・間接的な違いはあっても、教師は問いかける存在であり続けると考えるからである。共同探究・構築における発問の機能を否定的に理解することは、これまでの授業で支配的であった教師が聞きたい（答えさせたい）ことを問う発問観を温存し、それとは別に共同探究型の教師の指導を位置づけることにつながりかねない。知を批判的に問い直し、意味づけ直し、知の線引きを引き直す授業を推進するために不可欠なのは、教師が授業展開を凝縮したものとして発問を準備し、学習者が受容・展開するという「発問」観を拡張することである。

4.「媒介」を拡張し、多様性に開かれた問いと応答関係を創る

　子どもが差異を否定されずに授業への参加を保障され、自らの差異を意味づけ直す学びを展開するための発問はどのようなものとなるべきか？教師は、教えたい内容を明確に持ちながらも子どもを教師の解釈に回収することを回避する必要がある。それは、授業における教師の権力性の象徴でもある発問を脱構築することでもある。そのためには、教師の発問づくりとその効果を文脈依存的で生成的なものとして理解することが必要となる。

これを考えるにあたって参考になるのがジェームス・ワーチ（J. V. Wertsch）による精神への社会文化的アプローチである。ワーチは、精神活動を個人内の営みとして捉えるのではなく、他方で社会文化的状況のみで説明が可能なもの（社会還元論）でもなく、文化的道具に「媒介された行為」として理解することを主張する[12]。行為として捉えることで、人の心理的活動が固定的に存在しているのではなく、具体的な文脈や社会的な相互作用と切り離せない生成的な性質であることを描き出そうとした。個人の活動を「心理」という単位から活動の「場」という単位へと視野を広げることを促している。

　「媒介された行為」という概念は、精神間機能から精神内機能への影響、すなわち記号を媒介とする語義をめぐる相互作用の過程が個人内の意味形成に移行する過程（内化）を描き出したヴィゴツキーの理論に依拠したものであるが、さらに精神間と精神内の関係をより力動的な関係であることを示そうと試みるものである。ワーチは、精神間から精神内への移行を道具の「獲得」や能力を「持つこと」として捉えることを「所有メタファー」と名付け、批判している[13]。何かしらが「できること」とは、個人と道具との不可分な関係（個人にも道具にも還元できない関係）なのであり、個人間、集団間の差異とは、所有物の違いなのではなく、道具の使用と機能の違いと考えるのである。

　さらに、精神間から精神内への移行が多元的で複雑な過程であることを示すために、ワーチは「道具箱」というアナロジーを採用し、コミュニケーションにおいて、個人が文脈に応じて道具を多様に使い分けていること、精神間機能としてコミュニケーション的一致（間主観性）だけでなく、矛盾や抵抗といったズレ（他者性）が学習を「自分のものとすること」（これをワーチは「収奪（appropriation）と呼ぶ」）をもたらすと指摘している。それは、バフチンの表現を借りれば、「半ば自己の、他者の言葉」である「内的に説得力のある言葉」の獲得である。他者の

言葉が自分の言葉となるのは、「話者がその言葉の中に自分の志向とアクセントを住まわせ、言葉を支配し、言葉を自己の意味と表現の志向性に吸収した時」[14] なのである。

　以上のワーチの主張は、子どもの多様性に基づいた発話を保障する教師の発問を積極的に位置づける理論的根拠を与えてくれる。第1に発問の「語義」と「意味」である。教師は、自己の言葉（知識や経験）と他者の言葉（教科内容の言葉と予想する子どもの言葉）とを含んで発問をつくる。しかし、この発問の言葉の語義（meaning）は、そのまま子どもの意味形成（sense）に焼き写されるわけではない。発問の語義は、授業のコミュニケーションの中で子どもが自らの「アクセント」を住まわせ、意味づけられることを通して変容していくのである。教師の発問が「権威的な言葉」ではなく、「内的に説得力のある言葉」となるためには、他者の言葉をいかに含んで発問を構想するかがポイントとなる。

　したがって、第2に、授業におけるコミュニケーション過程を複数化していくことが教師に求められる。そのためには、個々の子どもの媒介となる道具を多元的に準備すること、そして、そのことによって道具を媒介とした相互作用にコミュニケーション的一致と他者性を組み込んでいくことが求められる。発問づくりは、問いかける言葉をどのように並べるかだけでなく、子どもの応答と意味形成を組織する場の設定とを含んだものとして再定義される必要がある。

5.発話の場づくりとしての発問に向けて

　小学校教師の本谷宇一は、教師の教材解釈に沿って作品を「どう読ませるか」ではなく、学習者が作品を「どう読むか」「何を読み取るか」に力点を置いた授業づくりを行っている。本谷は、子どもたちが自分の読みや思いをどう授業に取り入れていくかが課題であるとして、自らの問い（わからなかったこと、みんなで考えたいこと）を学習カードとい

う形にまとめ、それをもとに読みを交流していく授業を展開している。本谷の実践において、学習カードは、個々の子どもが作品の世界と自分の世界を交叉させ、他者とのコミュニケーションを遂行するための媒介として機能している。学習カードの内容をめぐっての子ども同士のやりとりは、他者の言葉を受けとめながら自分の言葉を創り出していく過程となっている。

　本谷は、「この学びの空間に教師として身をおいての大きな仕事は、子どもたちの声を聴くことであった。その時どきに生まれた出来事に一緒に対応することであった。子どもが曖昧に思っている思いや考えを、『ほらね』とみんなで確かめ合える方法を提起することであった」と述べている[15]。授業において教師が「何を問うか」から「子どもがどのように問うか」へのシフトチェンジ、発話を生み出す場づくりへと「発問」を拡張することが求められる。

[注]────────────────────────

1　『新編　新しいどうとく4（令和6年度小学校教科書）』東京書籍。他社の教科書でも主人公の名前が違う同様の主旨の読み物が掲載されている。
2　NHK「クローズアップ現代＋」2018年4月23日放送。
3　佐藤学（1999）『カリキュラムの批評』世織書房、183頁。
4　同上書、192〜207頁。
5　吉本均（1985）『授業成立入門──教育にドラマを！』明治図書、93頁。
6　吉本均（2006）『（学級の教育力を生かす吉本均著作選集2）集団思考と学力形成』明治図書、61頁。
7　吉本（1985）、99頁。
8　吉本（2006）、76頁。
9　吉本均（2006）『（学級の教育力を生かす吉本均著作選集4）授業の演出と指導案づくり』明治図書、56〜57頁。

10 久田敏彦（2010）「子どもの参加と授業づくり──学習集団論を手がかりにして」岩垣攝・子安潤・久田敏彦『教室で教えるということ』八千代出版、2010年、160頁。

11 同上、161頁。

12 ワーチ, J. V.著、田島信元・佐藤公治・茂呂雄二・上村佳世子訳（1995）『心の声──媒介された行為への社会文化的アプローチ』福村出版。ワーチは、レフ・ヴィゴツキー（L. S. Vygotsky）の記号媒介論をミハイル・バフチン（M. M. Bakhtin）の対話論と接合し、社会文化的な状況と切り離せない人間の多層的なコミュニケーションと精神活動の関係を解明しようとしている。

13 同上書、125頁。

14 バフチン, M. M. 著、伊東一郎訳（1996）『小説の言葉』新時代社、1996年、67～68頁。

15 本谷宇一（2011）『子どもが「発問」する学びの教室──「学習材」で変わる国語の授業──』一光社、68～69頁。

Ⅱ 個別の学び、協働の学びと教師の問いかけ

第4章 学習集団づくりの授業
小泉 靖

第5章 一人ひとりの学びから生まれる「問い」と学び合う中で生まれる「問い」
西間木紀彰

第4章 学習集団づくりの授業

小泉 靖（大阪府枚方市立小学校教諭・
学習集団づくり研究会大阪サークル授業をつくる会前会長）

　大阪府下の小学校に新任として着任以来、「学習集団づくり」の理論と実践を学ぶ機会を得てからおよそ40年、「学習集団づくり研究会大阪サークル」の仲間と共に、自分なりに積み重ねてきた実践を総括的にふり返る意味で、2018年度に出会った子どもたちとの1年間の取り組みを考え直してみたい。

1. 出会いからのこだわり： 「気になる子」と「子どもとともに」ということ

　担当したのは5年生からクラス替えをした、3クラスで構成される6年生。前年度に当時のクラスの仲間との関係でつまずき、教室での授業を受けられずに、放課後学習支援を受けていた児童Aを最も配慮の必要な児童として引き継いだ。他にも家庭的な背景で配慮が必要な児童Bや、支援学級に在籍していた児童Cなどをも含めて、これからの1年間に向けて子どもたちがワクワク感を持てるような新年度のスタートを考えて取り組んでいくことを、まずは意識していった。学年担任団では学年目標を「主体性・協働性・多様性」という三つのキーワードを柱にして学年集団づくりを進めていくことを確認しあった。

　始業式後のクラス分け発表では、それぞれの担任から自分のクラスに入る児童の名前を10回に分け、1回に呼ぶ児童の数も不規則に、名前を呼ぶ順番もあいうえお順とは限らない、という形で進めていった。6年担任団で考えあい、子どもたちが経験したことがないような形でドキド

キワクワクするようにとの配慮である。

　その後「靴箱とロッカーを決める」際にも、Aを意識しつつ、Cのまわりの児童とのかかわりの様子などを見守りながら、担任と出会った最初の段階から「主体的＝自分たちで考えて決める」ということを意識させたくて、自分たちの希望を自分たちで調整して決めるという方法を採った。「靴箱」では各自が持っている自分の消しゴムを希望する靴箱の場所に置き、重なりがあった時には当人同士で相談して決めようというやり方で進めた。色々な困ったことやもめごとが起こってくるだろうと想定しながらの働きかけ（これは、小泉学級の子どもに対する最初の「発問」）だったが、結果的には全くの重複なしで、小さないざこざのようなものさえ起こらずに全員の靴箱の場所が決まった。Cについては事前にこの方法を支援担当に伝えサポートしてもらったが、本人の希望の場所を確保することができたようだった。いい意味でも悪い意味でも「調整力の高い（？）子どもたち」という思いと、「自分の素直な思いを出すことでまわりの誰かと対立することを避ける傾向がありそう」という印象を持った。

　教室に入ってからの「ロッカー決め」でもほぼよく似た状態だったが、最も気になっていたAが別の児童と希望が重なった。様子を見ていると、2人ともどう進めるかを迷っていたようだったので「じゃんけんでする？」と声かけすると、Aが自分から「ゆずる」と別のあいている場所を自分のロッカーにした。本人に本当にそれでいいのかを確認してから、このことをクラスのみんなに紹介すると、1人の子が「すごい優しい」と大きな声で拍手をしながら認めてくれ、拍手がクラス全体に自然に広がっていった。その日の放課後にAの保護者に連絡をとったところ、「先生が認めてくれ、クラスの仲間も認めてくれたことで、自分の希望通りにはならなかったけれども納得のいく結果になったようだ」と確かめることもできた。

第4章　学習集団づくりの授業　　57

同じ週の中で、委員会の担当をクラスの中で決めることがあった。ある委員会の5人の枠の中に10人の希望が集中し、Aがその中に入っていた。しばらく子どもたちに話し合いを任せていたが、決まりそうにない雰囲気だったので「どのように決めようと思ってたん？」と子どもたちにたずねた。すると、A自身はその委員になりたい思いの強さは自分が一番と考えていたようで（のちに本人にも確認したところわたしの見立て通りだったのだが…）、「各自が自分の思いを語って、強い思いを持つものがなることにする」ということを提案していた。実際にその方法で進めることに全員が同意できたので進めさせてみたところ、全員の思いが上下をつけられないということを子どもたち自身が言い出してきて、最終的にじゃんけんという方法を選択することになり、またもやAは偶然ロッカーをゆずったのと同じ児童とのじゃんけんで第一希望の委員会には入れず、第二希望の委員会に入るという結果になった。

　ここでも結果的には本人の希望は通らなかったのだが、前年度まで子どもたち同士の関係がきっかけで学校に来づらくなっていたことへの配慮をしすぎて優遇するような手立てをとらず、できる範囲のサポートをすることでA自身の納得を得られたという結果のスタートになった。また、クラスの子どもたちにも自分たちで考えを出し合いながら進めていくという、主体的な取り組み方の姿に対するねうちづけをすることができたのではないかと考えている。

　「学級びらき」とともに取り組んだ「学年びらき」についても紹介しておきたい。

　学年目標として考えていた「主体性・協働性・多様性」という三つのキーワードについて、3人の担任が「学年びらき」の時に教師から一方的に話していくのではなく、キーワードに沿ったアクティビティを子どもたちが経験し共有していくことを介して、自分たち自身のものとして子どもたちに感じさせていくことをねらった。

2.クラスでの学級づくり

　わたしのクラスでは、学年集会での活動を受けて、「主体性・協働性・多様性」というキーワードを自分たちの言葉におきかえていくことにした。「主体性・協働性・多様性」は教師たちで考えた表現なので、自分たちのものにしていくために、自分たちの言葉でどう表現するかを考えてみようと提案した。そして「主体性→チャレンジ」「協働性→チームワーク」「多様性→もちあじ（『学年だより』のタイトル）」におきかえていき、語呂のよさを考えて「もちあじ・チャレンジ・チームワーク」という小泉学級の学年目標を創った。

　これだけではまだ「自分たち（子どもたち）」のものにするには不充分と考え、「この目標を本当に自分たちのものにするための具体的な方法を考えよう」と呼びかける。キャッチフレーズを掲示するというアイデアが出たが、「壁ではなくみんなの心の中に定着させるにはそれで充分か」と「ゆさぶ（っ）」た。その結果、授業のはじめにその時間の内容に沿ってめざしたい「ねうち」を日直の班が提案し、授業の終わりにはその目標の達成度をふり返って、「○月○日△△ができた」と短冊に書き、壁に貼り出すという「学級の歴史づくり」の態勢を創り出していった。このように、授業の中でも、子どもと共に考えながら「みんなで学び合う学習集団の授業づくり」に取り組んでいった。初期の段階での道徳の授業で、「学習」という言葉について考えていった事例を紹介しておこう。

　「『学習』という言葉を知っていますか」と問いかけると、多くの子どもが「知ってる」「簡単やん」と反応。「どんな字を書くか」と問うと、挙手し発言しようとする子がたくさんいた。「やる気」と「前向きな主体性」を「評価しながら」（刻々の評価活動）発言させ、「学」と「習」の二つの文字からできていることを確かめた。さらに「学」と「習」の違いを考えさせた。熟語探しでは「学校」「学問」…「習字」「練習」

第4章　学習集団づくりの授業　59

などが出てきて、「まなぶ」と「ならう」の訓読みについて考えた。「ならう」の方は「やり方を教わる」「教わった通りにする」「くり返し同じことを積み重ねる」というイメージが出された。「まなぶ」の方では「教わったことをもとに自分たちで考える」「みんなの意見を出し合いながら考える」「（人に言われてではなく）自分たちで考えていく」などが出された。たくさん積み重ねてきた「習う」力を活かして、これから「わたしたちの学ぶ」を創っていくためには、

① 「習う」だけなら先生と子どもの関係だけでいいので、学校に来なくても家に家庭教師のような人に来てもらうのが一番効率的だけど、「学習」にしていくためにはそれだけでは充分とは言えない。

② 1人で新しいことを教わるだけではなくて、いろんな人と一緒に…勉強の得意な人や苦手な人、運動の得意な人や苦手な人など多様な個性を持った人たちと一緒に考えたり教え合ったり意見を出し合ったりしながらみんなで進めていくのが「学習」であると、多様性という目標とのつながりを意識してくれた。

③ 教える人に言われてするだけなら「習う」だけで終わるが、自分から進んで勉強や運動その他の活動に取り組んでいくのが「学習」というように考えを発展させ、そのためにはどんな形態で授業を進めていけばよいかと問いかけた。（この段階では机は一斉型）「この形だと全員が先生の顔はよく見えるよね。一緒に『学習』を進めていく仲間の顔はお互いによく見えるかな。わからないことがある時や、困っている子が近くにいたら気づけるかな」と語りかけを重ねることで、お互いの顔が見やすい形として机を向き合わせて「班」をつくるということを自分たちで見つけていけるようにサポートしていった。

　4月から5月にかけての「学級の歴史づくり」をふり返ってみると、授業に対する前向きな姿勢や積極的な態度を、具体的な「聞くこと」や

「発表すること」などの行動を「ねうちづけ」ていくことで、子どもたちが授業に主体的に参加していこうとする意識を引き出すように努めた。

　子どもたちと共に取り組み続けた「もちあじ・チャレンジ・チームワーク」の学級づくり＝授業づくりは、日常的な取り組みとしてひとり一人の「学ぶ力」や「問う力」を育みつつ、子どもたち同士のつながりやかかわり合いの力を強くて深いものにしていくためのものだった、とまとめることができる。

3. 一枚指導案と授業づくり

　2学期には、本書編著者の竹川慎哉先生が学生さんを連れて参観に来てくださった。その時の国語の「あとかくしの雪」（木下順二作）のあらすじは、

> …ある冬の日の夕暮れ。旅人が一人、とぼりとぼりと雪の上をやってきた。ある家に立ち寄り、何もいらないから一晩だけ泊めてくれと頼みこむ。頼まれたのは、毎日の食事もろくに食べることができないような貧しい百姓だった。が、その百姓は、こころよく受け入れ、何か食べさせてやりたいと、しかたなく、日が暮れてから、となりの大きな家の、大根を囲っているところから大根を一本盗んできて、大根焼きをして食わしてやった。その夜は、何しろ寒い夜だったから、旅人は、うまいうまいとしんからうまそうにして、その大根焼きを食べる。その晩、さらさらと　雪は降ってきて、百姓が大根をぬすんできた足あとは、あゆむあとからのように、すうっとみんな消えてしまった。

　授業は、百姓が大根を盗んできて大根焼きをして旅びとに食わしてやった行為をどう思うか、という場面。

　子どもからは、「盗み」という行為に対して、「夜になってから盗ん

だのだから悪いことだとわかっていてやっているはずなんだけど…」
「大根を盗んだのは悪いことなんだけど… でも旅びとのためを思って盗
んだのだから…」というようなやや歯切れの悪い発言が続く。盗みに対
する判断の「ゆれ」や「まよい」を感じながらも、何とか百姓の行為を
「受けいれる」方向での思考を探っている様子がうかがえた。それに対
して、「結局、百姓は悪いの？悪くないの？」と、子どもたちの思考を
さらに深めていくためのゆさぶりの発問を投げかけていった。その時の
一枚指導案（の一部）は次ページの通り。

　様々な個性を持った子どもたちが「主体的に」思考を深め、「協働的
に」意見を交わしながら、クラスのみんなが「より深い」考え方や理解
に到達していくような授業をめざした。そのための大きな要素として、
「わかりやすい」ということだけではなく「考えやすい」発問が必要な
のではないかと考えてきた。また、その結果として子どもたちの思考が
「対立」したり「分化」したりすることを想定できる「発問」が重要に
なってくると考えてきた。「善悪」という対立した価値観の間を思考が
ゆれ動くことで、より深い考え方を子どもたち自身が導き出していって
くれる手がかりになっていくのだと考えている。

　大阪サークルでは、全員で一枚指導案（次ページ参照）を持ち寄り、
月1回のペースで研究してきた。一枚指導案の共同批判・再構築という
仕事をもとに、自分が授業をする時には、その都度白紙の状態で新たに
子どもと協働しながら教材に立ち向かうという姿勢で授業に臨めたこと
は私にとって、貴重な体験であった。サークルでの発問構想の鍛え合い
のおかげで、次のようなことも経験できた。それは、卒業が目前に近づ
いてきた3月の上旬に、大阪サークルの仲間が、国語の「海のいのち」
（立松和平作）の授業を参観に来てくれた時であった。

●本時の学習の目標とポイント
・瀬の主を目の前にして太一が抱いた複雑な感情の中に、この魚をとり

「あとかくしの雪」の一枚指導案（抜粋）※完全版については「注」を参照

一枚指導案　6年生国語　「あとかくしの雪」　木下 順二 作

本時の目標
・旅びとが大根やきを食うた様子から、旅びとにとっての大根やきの意味について考え、意見を交流し合う。
・百姓が大根を盗んできて大根やきをして旅びとに食わしてやった行為について考え、意見を交流し合う。
・その晩、足あとがあゆむあとからのように消えてしもうた雪について考える。

発問・指示	児童の応答予想	教師の組織と対応（タクト）
今日学習する場面を読んでください。	・全員がそろって音読しようとする班とそうでない班があるだろう。	◇全員そろう班を評価しながら班指名する。
今日学習するところの最初はなんという言葉で始まっていますか。 けれどものように、文と文をつなぐ役割の言葉を何と言いますか。	・けれども ・接続詞	◇全員が考えられる発問なので全員が立てている班を評価。 ◇学習した内容ではあるが、立てない児童がいる時は少しのヒントを提示。 ※低学年なら「つなぎ言葉」 　漢字3文字　「詞」で終わる
ここのけれどもの前は… いらんというのはなにが要らないと言ってるのかな。	・「…おら、なんにもいらんぞ」 ・食べるもの ・もてなすもの ・泊めてくれるだけで充分 ・泊めてもらえるだけで有難い ・これで寒さをしのげる ・もてなしてやるもんがない	◇前時に学習した旅びとの百姓に対する気遣いを思い出してほしい。 ⇒評価できるポイント このあたりの発言が出てきてくれたら嬉しい。
けれどもの後ろの文は… もてなすものは要らないともてなすもんがない…反対になってないように見えるけど、よく考えると百姓の文に表されていない思いが読み取れるね。	・なんにもいらんと旅びとは言うけどなにかもてなしてやりたい。 ・かなり疲れている様子だったからなんとか食べさせてやりたい。	◇ていねいな説明で考える糸口をつかませてやりたい。 ※何と何が反対になってないか反対になるための百姓の思いとは… ◇いらないと言った旅びと… なんとかしてやりたいという百姓… 旅びとと百姓の心のふれあいを感じさせてやりたい。
旅びとの疲れた様子を見てなんとかもてなしてやりたいと思って家の中を見回してみると… 百姓は何を思い出しましたか。 （どこの家を思い出したか）	・何ひとつ旅びとにもてなしてやるもんがない。 ・となりの大きないえ ・大根をかこうてあること ・とってもたくさんある。	◇時間的に余裕があるようなら「貧乏」と「びんぼう」の表記の違いに気づかせたい。 ◇「かこうてある」という表現については少し説明が必要かも知れない。 ※保存できるようにして蓄える

第4章　学習集団づくりの授業　63

かこうてあるところから… **まず**どうしたの。	・大根を1本ぬすんできた ・大根やきをした ・旅びとに食わしてやった ・自分は食べなかった	◇つけたしで発言を続かせたいところ… ※ぬすんできて？ 　大根やきをして？ 　百姓は？
旅びとはなんと言って大根やきを食うたのですか。	・うまいうまいとしんからうまそうにして食べた ・寒くてその上におなかがすいていたから両方の意味を表すためこの書き方をした	◇ここでも接続詞の不思議な使われ方が出てくることに気づかせる。 ※寒い晩だった**から**あったかい 　あったかいと 　おなかがすいていた**から**うまい 　うまいと ◇これに気づける児童が出てこない時にはこちらから説明として話していく。
この大根やきってほんとに美味しかったんかな。	・旅びとはすごくおなかがすいていたから本当に美味しかったと思う。 ・なんにもない百姓の家だから味つけもないもんだったかも知れないが、旅びとには美味しかった。	※今のわたしたちにとっては、美味しいものではないかも知れないが、旅びとにとってはというところに理解が進めば次の発問につなげる。
旅びとはしんからうまそうに食べたと書いてあるけどこの「しんから」を作者は平仮名表記にしていますが、みんなが漢字で表すとしたらどんな漢字にしますか。理由も含めて考えてみてください。	・心：心から美味しかった 　芯：体の芯から温まった 　真：本当に美味しかった 　親：百姓の親切心が有難い 　信：人を信じることが出来た 　清：気持ちが清らかになった 　身：身が中から温まった 　深：深いところまで温まった	◇漢字一文字で「しん」を表すことに少し時間をとる。 　個人で考えたり、班の仲間に相談するものもあるだろう。 ※なぜその漢字を選ぶかの理由が旅びとの心情につながっていくので、理由を表現できることを意識させる。 ◇子どもたちひとり一人の意見に耳をかたむけ評価する。 ◇理由をうまく伝えるのが難しい場合は、他の児童に考えを出させる。 ◇出てくる漢字が少ない場合はまだまだ考えられるはずだと再考をうながしていく。
貧乏な百姓がひとり住んでおったところにひとりの旅びとがやってきて、ふたりの間にあたたかいつながりができたようですが… この大根はどうして手に入れたのでしたか。 百姓が大根を盗んできたという行為についてどう思いますか。	・百姓がぬすんできた ・大根をかこうてあるところから盗んできた ・やっぱり盗んできたのは悪いと思う	◇大根を盗んできた百姓の行為についてどう思うかをひとり一人で少し考えさせる。 ◇個人で考える時間をとった後、班で意見交流をさせる。 　ただし班の中で意見をまとめさせることはしない。 ※時間的に話し合いの時間をとらない選択肢も持っておく。 （盗みが悪いことだいう価値観はぶれることなく子どもたちに感じさせるよう心がける）

64　Ⅱ　個別の学び、協働の学びと教師の問いかけ

	・旅びとはなんにもいらんといってるのだから盗まなくてもいいと思う ・弱っている旅びとのためだから仕方がないと思う ・自分のためではなく旅びとのために盗んでいるのだから許していいと思う ・かこうてあるくらいだからたくさんあるのでその中の1本だけなのでいいと思う ・困っている人をみて助けるのは悪いことではない	◇悪いのはわかっているがこの百姓の行為は許してもいいの？ では…的な意見を引き出していくためにゆさぶりをかける ◇子どもたちの意見が盗みは悪というほうに流れた場合には無理に方向転換しないようにする。 ⇒この辺りのならわしを考える時に語り伝えた人たちの思いと比較させる。 ◇さまざまな意見が対立して出続ける場合は判断の基準になる視点として善・悪／正・誤／醜・美など違いがあることを知らせる。 （ここまでの対立・分化が生まれたら授業者としては大変嬉しい）
最後に終わりの3行について読んでいきましょう。 この3行だけ音読してくれる人はいませんか。 その晩何が起こりましたか。	・音読（1〜2名） ・さらさらと雪はふってきて	◇積極的に参加しようとしている姿勢を評価して指名する。 ◇「雪が」と読み間違える児童がいるかもしれないが表現としてはそれがより自然なので、教師も読み違いに気がつかなかったようにふるまう。
雪はふってきて 雪がふってきて 1字違いでずいぶん感じが違うようになりますね。 どう違うのでしょう。	・雪がふってきて…は自然現象な感じがする 　雪はふってきて…になると雪が自分からふって来る感じ ・雪は…だとまるで雪に意志があるような感じがする ※逆の立場で意見が出ることも考えられるがなぜそう感じたのかを確かめながら進める。	◇雪は…と雪が…の違いをどの程度まで子どもたちがとらえられるのかは少し予想がつかないところがあるので、子どもたちの発言を大切にしながら児童それぞれの感じ方の理由を確かめていきたい。
あゆむあとからのようにというのはどんな感じがしますか。	・あゆんで足跡がついたらすぐそのあとから足あとが消えていくような感じ ・すうっとみんな消えてしもうたと書いてあるから足あとはまったく残っていない	◇このあたりから消えてしまわないと何が困るのかを考えていき雪が足あとを消してくれたような印象につなげられるかも知れない。

第4章　学習集団づくりの授業

たいという思いがあることを考えさせる。

・相反する感情の中で揺れる太一が、クエのことを「おとう」と思うことによって殺さないで済み、父や与吉じいさの教えを本当に理解できるようになった太一の思いにふれさせる。

◇探し求めてきた「瀬の主」と対峙した時にゆれ動く太一の心情を読み取る。

◇太一の表情の変化から太一の考えが「海のいのち」に対してどのようになっていったのかを読み取る。

　子どもたちは、太一が「この魚は自分に殺されたがっている」「この魚をとらなければ本当の一人前の漁師にはなれない」というようなことを感じながらも、それに対して疑問や罪悪感のようなものを感じているということを発言しあった。そんな迷いを抱えながら太一は「瀬の主を倒して『おとう』を越える＝一人前の漁師？」と考え始めていたとする子どもたちに対して「太一の仕事は何だったのか」という発問をすると、一本づり漁師としての仕事ということや、おとうや与吉じいさから教わってきた「海のめぐみ」という意識との間で「対立・分化」が起こった。「（海のめぐみなのに）自分の力で殺してもいいのか」という罪悪感と共に、自分を見つめ直すことを考えながらそれでも「一人前の漁師」になることも思い描く太一が泣きそうになりながらという表情を見せることから「大魚をとることに抵抗を感じる」という意見や、「与吉じいさの教えがむだになってしまう」という意見が出た。つまり、捕らないと本当の一人前の漁師にはなれないが、捕ることは与吉じいさやおとうとは違う生き方になるという二つの考えの中で太一の心が迷いながらゆれていることを子どもたちが読み取っていった。

　さらに、太一の表情の変化に意識を向けさせるための「太一の表情はどのように変わりましたか」という発問で、「気持ちが変わった」「捕

らないと決めた」「捕る必要がなくなった」「本当の一人前ではない」などの意見が出され、太一がつくった笑顔が心からのものではなく無理につくった笑顔だという意見も出た。

4. 突然おりてきた発問

「太一が『瀬の主』をおとうと思うことによってどんなことをしなくてすんだのか」という発問で本時のヤマ場に切り込んでいくつもりにしていたが、この時なぜかそれでは充分にねらいに迫り切れないものがあるように感じ少し躊躇していた。すると、「瀬の主をおとうと思った太一にとって『瀬の主』と『海のいのち』ではどちらが大きかったのだろう」という発問＝教材解釈がおりてきた。考えた末に閃いたというよりは、いきなり頭の中に飛び込んできたとでも表現すればいいのかわからない不思議な感覚だった。それに対して子どもたちからは、「おとう」「与吉じいさ」「先祖の漁師」「みんなのいのちがこのクエの中にある」というような意見が出され、迷いを感じている中で自分の生き方の方向性を固めていった太一の心情に子どもたちがぐっと寄り添えたように感じられた。これは自分の教員生活の中でも初めて味わう「発問がおりてきた」と感じた経験である。

これまでにも何度か取り組んできた「海のいのち」であったが、こんな感覚を味わったことはなかったし、他の教材でも感じたことのない貴重な経験だった。サークルの仲間と共に何度か教材解釈に取り組んだり自分の中でもくり返しとらえ方を考え直してきたりした部分であったが、カギになる表現として考えていた、ⓐ太一にとっての「本当の一人前の漁師」とは何か、ⓑ太一が「泣きそうになりながら」だったのはどうしてか、ⓒ太一の表情が「ほほえみ」に変わったところで何が変わったのか、ⓓ太一が「笑顔をつくった」はなぜ笑顔になったではないのか、ⓔ太一は瀬の主を「殺さないですんだ」とはどういうことか、など

という教材解釈や発問づくりを重ねていく中で、「おとう」と「与吉じいさ」の位置づけや「海のめぐみ」だったり「海のいのち」という表現をどう解釈すればいいのか、また子どもたちにそれを考えさせるのにどう発問することがより「考えやすく」なるのかということを探り続けた中で生まれてきた現象だったのではないだろうか。

　そういう意味では、「学習集団づくり」の理論と実践を学ぶ機会を得てから40年、自分なりに積み重ねてきた実践や「学習集団づくり研究会」の諸先輩方や大阪サークルの仲間と共に、「学級づくり＝授業づくり」の研究や議論を積み重ねてきた一つの結晶という形で現れたものなのではないかと今は考えている。

5.個別の学び、協働の学びと教師の問いかけ

　「学級づくり」も「授業づくり」も学校では毎日取り組まれ続けられているものである。そういう意味で日々の取り組みの質を高めていくためには、指導者自身が自らの感覚を常にアップデートさせ続けることが不可欠である。身のまわりの様々なことに対して鋭いアンテナを張り続けることを継続するとともに、職場やサークルの仲間とともに実践報告に基づいた議論や検討、研究を進めていく。そして日常の中で感じたことなどを交流し合うことを通して刺激を与え合い、お互いをみがき合う関係を持ち続けることの重要性を感じている。その上で、議論や検討、研究を進めて身につけてきた大切にするべき人間観や「学級づくり＝授業づくり」についてのスキルだったりノウハウのようなものだったりも含めて、日常的に高いレベルで実践を継続させ続ける積み重ねこそが力になっていくことを強く実感している。

　「発問」と「質問」のちがいということが、学習集団づくりの「発問づくり」の中で語り合うことがよくある。これについて、わたしたち教員が「発問」という「問う側が優位に立つ問い＝問われる側（子どもた

ち)には心理的負担が大きい問い」を発しているのだということを日常的にどれだけ意識して授業づくりあるいは授業自体に向き合えているかということが、実はとても重要なのではないかと考えている。子どもたちの「まちがえる権利」や「『わからない』と言える権利」を、どれだけ日常的に保障できているかということは問い直してみる必要があるだろう。

　また、多様な背景や実態を持っている子どもたちが感じている「しんどさ」や「困り感」をまわりの子どもたちからは見えにくい形で意識するとともにサポートし続けられているかということが求められている。さらに、学級の中で教員の指導にうまく「はまっていない」ように見える子どもたちを「気にかける」ことをていねいに継続していくことなど、多様性を受け入れるためには、教員自身の失敗を恐れることのない「自己判断決定(能)力」=「自らの中に基準を持ち自分なりに判断して決定すること」こそが、今、強く求められているのではないか。

[注]

・「あとかくしの雪」「海のいのち」の一枚指導案については、学習集団づくり研究会　大阪サークル・授業をつくる会HP（http://make-edu.com）にて公開中。

第5章　一人ひとりの学びから生まれる「問い」と学び合う中で生まれる「問い」

西間木 紀彰（福井県公立小学校教諭）

1. 個別と協働

　「学ぶ営みは一人ではじめて一人へもどっていく。はじめた自分と、もどっていく自分とのあいだに、たくさんの人がはいればはいるほど、学んだものは高くなり深くなる。」

　これはジャーナリストむのたけじの「詞集　たいまつ」の中にある一つの詞である。これを初めて読んだ時、学びのあり方をこんなにも端的に表現しているものはないと感銘を受けたのを覚えている。学びはあくまで個の中の営みで、本来、人に価値づけられるものでもないし、人と全く同じ理解や納得の道筋をたどるものではない。

　しかし、間違いなく言えるのは、その過程に必ず他者がいるということである。自分一人だけではなく、多くの人と関わりながら、自分の学びをより多面的に捉え、再構築していくことは学びの本質ではないだろうか。中央教育審議会が言うから個別の視点、協働の視点が大切なのではなく、一人ひとりの学びに即して考えた時に、当然大切にされるべき視点なのである。

　今回、子どもたちが個で学ぶ、協働の中で学ぶ時に、どのような関係性の中で、何を吸収して、学んできたのか紹介したい。そして、子どもたちが「問い」と出会い、「問い」を生み、「問い」を創る時とはどのような時なのかを考えていきたい。

2.「問い」が生まれる時

　教室の中にある「問い」には、問われる以前に「答え」が用意されているもので溢れている。教師があらかじめ用意していた答えを導き出すための「問い」である以上、その「問い」から子どもたちの本当の意味での学びや主体性などは生まれてこないはずである。では、教室の中の「問い」が本当の「問い」になる時とはどのような時なのだろうか。

　課題と向き合う時、どの子も同じスタートラインに立っているかというとそうではない。スタートラインがバラバラの子どもたちが「問い」をもつとはどういうことだろうか。それは、問うべき価値が共有された時だと考えられる。これってどういうこと、なんでこうなるんだろう、その意味は何、など学習の中で形作られていくパターンだ。そのきっかけは、必ずしも教師からではない。すでに用意された教材だけでもなく、子どもの気づきや学習材の魅力などから「問い」が生まれることが考えられる。だからこそ「問い」が生まれる場を醸成していくためには、学習のスタイルが教師主導の一斉学習だけでは限界があるのではないだろうか。

　では、一斉学習ではない学びとして、どのような学びのスタイルがあるのだろうか。子どもたちから生まれる問い、学習材から生まれる問いという視点から考えていきたいと思う。まず、教室という空間に、子どもの一人ひとりの思考や表現が入る余地がどの程度あるかが、ポイントとなってくる。それは、学習の場のみならず、子どもが生活する空間という場としてでもある。スタンダードや決まり、ルールで必要以上に子どもを縛るものになっていないか、今一度、教室という場のあり方を見直す必要がある。もし、教室が子どもの思考や表現を抑える場でなく、思考や表現が生まれる場、育つ場となった時、「問い」が生まれる場へとつながっていくはずである。

　そして、私が取り入れていたのが、学習計画表を元にした学びの個別

化、協働化だ。35人の子どもがいれば、35人の学び方や、学びの道筋があるはずである。そういった学びを丁寧につくっていきたいと考え参考にしたのが、学生時代から縁があって学んだフランスのフレネ教育である。フランスの教育学者セレスタン・フレネが実践したフレネ教育。戦争で教師の権威の象徴である「声」を失ったフレネは、学習計画表をはじめとした様々な学習方法を考え、教師の力によるものではない、子どもが自分の興味関心に基づいた教育活動を展開した。私も自分の学級で実践していくにあたり、所属するフレネ教育研究会の西口敏治氏の実践を参考にし、計画表の学習に取り組むようになった。

3. 学習計画表を使った学び

　私は国語科の授業で「国語の仕事」と銘打った学習を進めてきた。「仕事」とは、生計を立てるための職業としてではなく、もっと根源的に「生きる」ことと関わった営みと捉えている。よりよい仕事は、手探りをしながら、考え、繰り返していくことで、確かなものへとなっていく。自分に任された「仕事」を、自分なりの見通しをもち、段取りを立てながら試行錯誤していくことで、目的であった「仕事」が自分の内側にも働きかけ「生きる」ことそのものとも関わってくるものとなる。だから、「国語の仕事」は、「仕事」と向き合う中で「仕事」を自分の内に取り込んでいき、「生きる」上での「生きた言葉」を獲得してほしいという願いを込めた学習である。そして、その「生きた言葉」を獲得するために、学習計画表を用いて子どもたち自身が自分で進める授業を展開した。

　計画表には、2週間程度の国語の時間に取り組む学習内容が書かれている。「漢字」「言葉遊び」「詩の暗誦」「自由作文」「教科書内容」「音読」があり、その中からどの順番で取り組んでいくかを自分で決めて学習予定を立てる。もちろん、修正することも可能である。時間のかけ方

も一人ひとりに任せる。子どもたちは計画表にしたがって、個別に学習を進めていく。

「教科書内容」では、教師がその内容は、子どもが自分のペースで進める内容か、みんなで話し合って進め深める方が良い内容かを判断し、子どもが自分で進めることができる内容をワークシートにまとめる。「言葉遊び」では、できるだけ色々な種類の言葉遊びを紹介してきた。「国語の仕事」だけではなく、普段の授業でも、隙間の時間を使って色々な言葉遊びをしてきたので、そこで取り組んだ言葉遊びをアレンジして取り組む子もいれば、自分で探してきた言葉遊びに取り組む子もいる。「詩の暗誦」は自分の好きな詩を探し、それをカードに丁寧に視写をして暗誦をする。「自由作文」は課題作文とは違い、その名の通りテーマは自由。自分の生活の中での一コマ、小さな発見、事件を綴っていく。これらを自分で選択しながら、自分で学びをデザインしていくのである。

授業の残りの時間が10〜15分程度になると発表の時間になる。発表の時間では、詩の暗誦や自由作文、自分の作った言葉遊びの発表が行われる。その発表を元にして、感想を交わしながら自分の学びを捉え直し、時に新たな学びのきっかけを掴んでいく。この10〜15分という枠も徐々に子どもたちが自分たちで決めるようになってくる。

このように1時間の授業が進み、2週間程度の枠組みの中で学習が行われる。全ての計画表が終わると自分の学びを振り返り自己評価をし、教師からの言葉と、お家の人からの一言をもらうようにした。

4.「国語の仕事」での子どもたちの姿

子どもたちは授業が始まると、私が書いた「国語通信〜国語の仕事〜」が配られそれに目を通す。そこには、子どもたちの書いた自由作文や言葉遊びが書かれ、個の学びをつなげることを意図している。さっと

目を通して自分の「仕事」に取り掛かる子、友達の言葉遊びを解いている子、各々のリズムで学習はスタートする。漢字ノートを開き、黙々と漢字を書く。教科書を見ながらワークシートを解いたり、音読をしたりする。席を立って教室後ろのロッカーの上にある詩集や詩のカードを見に行く。言葉遊びを書き溜める。昨日のことを思い出しながら自由作文を書く。暗誦した詩の確認を友達にしてもらう。自分の計画に沿った学習が展開されていく。

　里見実が翻訳したフレネの『言語の自然な学び方』で「子どもは道具を研ぎ終わってから、それを使うのではありません。研ぎながら使っていくのです。使いながらそれを調整するのです。」と述べられている。私も子どもが自分で選び、試行錯誤していくことで言葉を自分のものとしていってほしい。言葉は学ぶ対象でありながら、自分の学びを深めるもの、人と学びをつなぐものであるという実感ももって学んでほしい。そうなるように実際に多様な形で言葉と触れ合う中で、言葉を駆使しながら言葉を学べるように「国語の仕事」を展開している。

5. 見えてきた子（個）

　個別化した学習は、その名の通り個の学びがよく見えてくる。一人ひとりの学びと向き合う時間ができるからだ。計画表を見るとその子の進展状況を掴むことができる。進みが思わしくない子に声をかけてみると、ちょっと気が進まないのか、単純に分からないから進まないのか、ある学習にこだわって時間をかけていて進みが遅いのかなどが分かる。また、その子にあった支援ができるのも特徴である。一人ひとりの学びに即して支援をしていく中で、子どもへ「問い」を投げかけることがある。ここでは詩の暗誦をしている子に対する「問い」の投げかけについて考えてみる。

　詩は、教科書に載っているものが全てではない、この世界に溢れる文

化としての詩をできるだけ多く味わってほしいと思っている。そういったことから、教室には数十冊の詩の本と以前担任していた子たちが作成、提供してくれた詩集なども学習材として置くようにしている。子どもたちは自分の好きな詩を選んで、紙に視写をして絵を添える。それをもとに暗誦することになる。教科書に載っている詩だけで、「詩は好きじゃない」「何が言いたいのか分からなくて苦手だ」と決めつけてしまうのでは少し寂しい。できるだけ多くの詩を味わうことで、「よく分からない」詩の中にも「これは良い」「なんか好きだ」という詩ときっと出会えるはずである。だからこそ、子どもたちが選んできた詩には、その子自身の思いや考えが詰まっているのである。

6.教師からの「問い」

　話を戻して、詩の暗誦での「問い」の投げかけについて考えていく。詩の暗誦ができるようになった子たちは、詩のカードを持って私のところに来る。暗誦したかどうかは形に残らないので確認するようにしているからだ。子どもたちは自分のペースで詩を暗誦する。もちろんうまく言えないこと、忘れてしまうこともあるが、ここで重要なのは完璧に覚えることではない。暗誦を通して自分の体の中に何度も詩を潜らせて、詩の言葉を取り込むことである。だからこそ、些細な間違いは気にしない。

　そして、次に私が「問い」を投げかけることで、子どもたち自身が自分に取り込んだ詩の言葉を意識化させるのである。私が問う内容は決して大それたものではない。「なんで、その詩を選んだの？」と始めに聞いている。これを聞くことで、詩と読み手の関係を意識化させるのである。意識化させることで詩人の書いた少し離れた言葉と自分の距離を縮め、より自分の言葉として取り込みやすくさせたいからだ。詩の言葉が自分にとってどのような価値があるものなのか、価値というと大袈裟か

もしれないが、詩の言葉が何を読み手に問うたのかを問うているのである。詩からの問いに答える自分がいるからこそ、そこに応答が生まれ、暗誦に値する存在になるのだろう。

7.差し出す「問い」

「問い」には自己の中で完結するものもあれば、そうでないものもある。自己の「問い」を友達に差し出せるからこそ、それがみんなの「問い」になることがある。

いつものように詩の暗誦していた時のことだ。陽奈が詩の暗誦ができたと私の所にやってきた。間違えず、しっかりと暗誦できた陽奈と私のやりとりだ。

「どうしてその詩にしたの？」

「んー、なんかよく分からなくて」

「えっ、分からないのに暗誦したの。」

「なんかリズムがいいし、気になって。あと分からなかったら友達に聞けばいいでしょ。」

そう言うと後ろに並んでいる子に「ねぇねぇこれってどういうこと？」と声をかける。いきなり言われた子たちも反応し、話を始める。そして、黒板を使いながら考えだした。

詩の特徴とも言えるが、詩の魅力はメッセージ性、リズム、ナンセンス、言葉遊びなど多岐にわたる。子どもが詩を選ぶ時の理由も様々である。メッセージが分からなくてもなんとなくいいと感じる詩もある。分からないもので終わるのではなく、その分からなさを共有することが当たり前になっている陽奈にとって、詩を暗誦するという営みは個で完結するものではなく、協働の営みを含んでいることが分かる。そのやりとりの中で、自分なりの解を出しながら、差し出した「問い」を深めていくのである。

8. こだわるからこそ生まれる「問い」

　「国語の仕事」は様々な角度から言葉を捉え直すことを狙って学習内容を設定している。あれは苦手だけど、これはやってみたいとこだわれるものがあるようにしたい。こだわりは追究することにつながる。もっと知りたい、深めたいの源動力は、その対象に対してのこだわりがあるからこそだ。

　「国語の仕事」をしてきた豪太は6年生の最後に谷川俊太郎の「みみをすます」を暗誦した。「みみをすます」は全てひらがなで書かれている長編詩である。豪太は「詩の暗誦」以外の課題をささっと終わらせると、詩の暗誦に取り組んだ。どの学習に重きを置くかもその子次第で、自分がこれだと決めたモノは、やはり取り組む姿勢が変わってくる。学習に「選択」する場面があるからこそ、その子なりのこだわりが出て、自分なりの問題意識をもって取り組むのである。豪太は「みみをすます」の詩集と睨めっこする日々が続いた。「先生、集中できるから廊下でやってきていい？」と詩集片手に廊下で黙々と暗誦する日もあった。満を持しての発表。クラスの子達も豪太が何かいつもと違う詩に挑戦していることは分かっていたので興味津々だった。「みみをすます、谷川俊太郎。みみをすます　きのうのあまだれにみみをすます……」途中で、何回かつまずいた時、「もう1回練習してくる。」と言って豪太は自分で発表をやめてしまった。周りからすると全く気にならない程度の間違いだったが、本人は納得できなかったのだろう。

　教師の設定する評価規準ではなく、あくまでも自分の物差しで自分の学びにこだわる。その中で追究するべき「問い」をもつ素地が生まれてくるはずである。いよいよ2回目の発表。豪太は自信をもって発表しているように感じた。一言一句間違わずとはいかなかったが、詩の言葉を何度も何度も体の中に取り扱んだ発表は、単なる暗誦ではなく、詩の言葉を自分の言葉として伝えているようでもあった。発表が終わるとみん

なからの拍手、そして満足そうしている豪太がいた。

　こだわりをもってすることには、必ず自分への「問い」が存在する。「どうしたらもっと良くなるだろう」「どうすればうまくいくだろうか」など自問自答し、より良いものに近づけていこうとする。そして、暗誦するという行為の工夫だけでなく、詩の内容に対する考察も必ず行われるのである。その答えがしっくりくるものとなればもちろん学びは深いものになっていくだろう。しっくりいかなくてもその試行錯誤がまた学びの一つになるだろう。自分で学びを選択し、デザインしていく中でこそ、自分のこだわりと言葉と向き合うことで「問い」を作り、さらに追究していくというスパイラルを生み、言葉を豊かにしていくのである。

9. 応答の中から生まれる「問い」

　先述した通り、計画表の中には「発表」という項目がある。「発表」では自分の言葉の学びについて発表する。発表予約ボードに自分の名前の書かれたマグネット貼って予約し、自分の作った言葉遊び、自由作文、詩の暗誦などを発表する。発表は決して強制ではない。それは発表することだけが学習ではなく、発表を聴くという行為も学びだからである。聴くという学びを重ねる中で、子どもたち自身が発信する側になるという、子ども自身の変容を期待している。もちろん、みんなで共有するといいと思うものに関しては、教師の側から「発表してみて」と促すこともある。そうすることで子どもたちが計画表を元に進める個の学びを、協働の学びにつなげていくことになる。つながりを作るのは教師だけではない。子どもたち同士でもつながりを作り、協働を作ることができる。その役割を果たすのが応答の場と、応答の中から生まれる「問い」だ。

　応答の場として、子どもたちはお手製のベンチをサークル状に並べ発表を聴く。この形は「サークル」といい「国語の仕事」以外の場面でも

使っている。フレネ教育をはじめ、オルタナティブ教育で用いられる「サークル対話」を参考にしている。教室の机がコの字型の時は、その中央の部分にベンチを置いている。日頃から自分たちの生活のこと、学習についての話し合い、その中で共通理解を図りながら、時に対立しながら対話をしていく。顔を突き合わせて、相手の反応を見ながら考える。どのような言葉も丁寧に受け止め、返すという経験を繰り返す過程の中で他者と向き合う言葉を獲得し、確認していく。そして、その中で「問い」が生まれてくることもある。

　では、実際の発表からの応答の様子について紹介する。いつもマイペースの慎太郎。明るく周りを和ませることからみんなから慕われている。ただ、学習の場面では、自信のある時以外はなかなか積極的にはなれずにいた。人前で何かを話すのは得意とは言えなかった。そんな慎太郎が、工藤直子の「のはらうた」の中から「すきなもの・みみずみつお」の詩を選んで発表した時のことだ。「のはらうた」は野原にいる様々な生き物たちが詩人となって書いた詩が載っている。みみずみつおの詩は自分が昼寝がすきなことを伝え、最後に「あなたは　なにが　すきですか」と問うとても短い詩である。
「どうしてこんな短い詩にしたの？」
「なんか楽でいいから」
「ふーん、じゃあ慎太郎さんは何が好き？」
「遊び！」
「はい、じゃあどういう遊びが好き？サッカー？バスケ？」
「ボール系かな。」
その後も、サッカーのこと、好きなポジションのキーパーのことが話し合われた。そして、そのやりとりの最後に慎太郎に次のような質問がきた。

「なんでその詩にしたの？」

「好きなものがいっぱいあるから。」

「慎太郎さんは昼寝は好き？」

「嫌い！」

　始めの問いかけでは「短くて楽」という理由が、対話の中で変化していた。いや、変化というより元々、慎太郎の中には詩の言葉に共感することがあったのだろう。始めに答えた自分と後に答えた自分のどちらが本当ということではない。どちらの理由もあるのだろうが、短さの中でも心惹かれるものがあったのだろう。ついつい好きなことを優先してしまう慎太郎にぴったりな詩だと私も感じた。

　子どもたちの言葉のやりとりは、学習内容の本質を突くものばかりではない。時に遠回りをしながら、たわいもないやりとりで終わってしまうこともある。ただ、それを意味のないものとするのではなく、その何気ないやりとりの積み重ねの奥に、言葉の本当の獲得があるのだと思う。この問いには自分ではこう答える。固有名詞をもった友達に聞かれるからこそこう答える。手探りでも相手への応答を意識して紡ぎ出すことが、特に小学生という段階では必要なのではないだろうか。佐伯胖は『「分かり方」の探究』で、教育のあり方が「話すこと」の訓練になっていないかという問題提起をしている。「ハッキリ」「ていねいに」「よく通る声で」が大事とされる教育の中には「あなた」と呼ぶべき相手と話し合いがないとしている。そして、次のようにも述べている。

　「今日、必要なのは『話し方上手』の訓練ではない。一人ひとりが、他の人を心の中にしっかりとおさめ、思いを寄せ、心の中で語りかけることである。私の中にあなたが住む。対話はその後、自然に生まれる」

　「国語の仕事」での言葉の学びを媒介としながら、言葉のやりとりをしていくこと。友達と言葉をつなぎ、確認し、意識する。それが友達の言葉へのアンテナを高くすることにつながり、友達へ「問う」ことも当

たり前になっていく教室、「問い」が次の「問い」を生む教室になって
いくのだと考える。

10. 応答責任の中でこそ生まれるものとして

　コロナ禍を経て、「GIGA スクール構想」が急速に進み、1人1台 ICT
端末を持つ時代となった。学習支援アプリを使って課題を一斉に転送
し、自分のペースで学習を進める。そして、答えの画面共有をし、協働
的に学ぶ。しかし、この画面を共有することは、学びを本当に共有する
ことにつながるのだろうか。

　今回、「問い」が生まれる場として、そこにある応答の重要性は何度
も述べてきた。ここを知りたい、もっと深めたい、あなた（たち）だか
ら伝えたいといった当事者性を抜きにして、自分の考えを差し出す、共
有させられるのは、ある意味 ICT だからこそできることであり、人間
の当たり前のコミュニケーションを抜きにしたものである。そこで共有
されているのは、あくまでも「画面」であり、思考や思いが共有されて
いる訳ではない。よく考えてみると、ICT が普及する前でも同様のこ
とが言える。発表する子は先生に伝える。先生はうんうんとそれを聞
く。周りの子どもたちは次は自分が指名されたい、答えたいと準備をし
たり、我関せずと自分の世界に入っていたりする。「教師」「児童」と
いう役割、関係性で成立するやりとりに終始し、「あなた」が不在の見
せかけの応答が、当たり前のようになっている。そういった授業のあと
に先生は「うちのクラスは決まった子しか発表しないんですよね。」と
いう。

　こう考えると単に情報としての「問い」と「答え」ではなく、「問う」
対象となる「あなた」がいる、そして、それに答える「自分」がいると
いった関係性を抜きに語ることはできない。

　子どもたちが何か伝えたい、伝えようとする時はどういう時なのか、

どうして伝えたいのか、そういった文脈を教師はもちろん子ども同士も大切にしていくことが必要ではないだろうか。その土台があるからこそ、子どもの内で「問い」が生まれてくる。その「問い」を追究する自分と、ともに追究する友達がいる、そういったサイクルの中で学び続けることが今の教室に求められていることだと考えている。

[参考文献]

・むのたけじ（1976）『詞集たいまつ I』評論社。
・西口敏治（1995）『詩が大好きになる教室』さ・え・ら書房。
・里見実（2015）『言語の自然な学び方』太郎次郎社エディタス。
・谷川俊太郎（1982）『みみをすます』福音館書店。
・工藤直子（1984）『のはらうた』童話屋。
・佐伯胖（2004）『「わかり方」の探究』小学館。

III 探究学習と教師の問い

第6章 探究学習において教師が問いかけることの意味 ――― 森 久佳

第7章 学びを育てる教師の役割とは何か ――― 「自主探究的な学び」の授業実践から ――― 宮腰 誠

第6章 探究学習において教師が問いかけることの意味

森 久佳（京都女子大学発達教育学部教授）

1.「探究的な学習」の推進と教師

　新型コロナウイルス（COVID-19）によるパンデミックは、現代社会が予測不能で不確実であることを痛感させた。こうした世界で生きるために、知識を蓄えることに留まらず、自分の力で考え学ぶスキルを身につける教育の展開が日本でも一層求められている。その際重視されているのが、既成の知識の暗記と習得に終始せず、思考し問題解決を図る「学習／学び」観を基軸にした「探究的な学習（学び）」である。例えば、「総合的な学習の時間」（高校では、「総合的な探究の時間」）の場合、「探究」は「問題解決的な学習が発展的に繰り返されていく」こと、また、「物事の本質を自己との関わりで探り見極めようとする一連の知的営み」として定義され、「探究的な学習」は、①「課題の設定」→②「情報の収集」→③「整理・分析」→④「まとめ・表現」といったスパイラルに展開する過程として捉えられている。

　探究的な学習の実践と展開は、教科学習においても志向されている。例えば藤村（2023）は、教科学習における探究を、多様な考え方（解法、解釈、説明など）が可能である非定型的な問題やテーマについて、子ども自身が主体的に多様な知識を関連づけることを通じて、自らの思考を構成して表現し、諸事象について理解を深める営み、として定義している[1]。他にも、「こどものための哲学（Philosophy for Children: P4C）」の運動では、「探究の共同体（community for inquiry）」の形成と、それに基づく批判的思考の育成を目指した哲学的な探究の実践が

注目されている[2]。

このような探究的な学習は、教師の専門性の問い直しと密接に関わっている。探究（inquiry）をよくわからない不確定な状況から整理され確定された状況へと展開する「反省的思考（reflective thinking/thought）」の営みとみなしたデューイ（J. Dewey）は、思考とは「探究」や「調査」でもあり、「問うこと（questioning）」でもあると唱えた。そうした思考＝探究の習慣を子どもたちが身につける上で、デューイは「教師によって質問を尋ねること」が欠かせないと主張したのである[3]。

こうした観点は、教師による問いとしての「発問」の視座と繋がる。そこで本章では、「教師による問い＝発問」を原理的な側面から検討する。

2.「教える」ことと「教師による問い＝発問」の意義

（1）発問の起源

発問の起源は、主として「無知の知」を唱えたソクラテスの「対話法（dialogos）」と、民衆の子弟に宗教教育を施した「問答法（カテケーゼ）」の二つに求められる。「問答法（カテケーゼ）」は、宗教改革以降に教理問答書を使用し、教師が読み上げる単語や文章を、児童生徒は意味もわからず復唱・記憶し、それを教師が問答を用いることで検査する講義方式を指す。

それに対して、ソクラテスの対話法は、適切な質問を繰り返し行うことによって、学び手（学習者）自身が「ドクサ（臆見・俗見）」から解放されて真の知に至ることができるようにする教育的な働きかけを指す。「産婆（助産）術」として有名なこの手法は、まさに母胎から自力で出ようとする赤子を手助けするかのごとく、「問い」を重ね、対話を展開しながら知の産出を導くアプローチである[4]。

（2）ソクラテスの対話法における「教師」・「教える」ことの不在

　探究的な学習（学び）を推進する動きにおいては、知識の機械的な暗記を強いる問答法よりもソクラテスの対話法が理想とされている。特に、プラトンの『メノン』で、奴隷の少年がソクラテスによる「問い」を中心とした対話を通じてピタゴラスの定理を発見するエピソードは、問いと対話を通じた学習（学び）の好例とされることが多い。その際、ソクラテスは次のような学習（学び）のパラドクスに言及している。

> 人間には、知っていることも知らないことも、探究することはできない。／知っていることであれば、人は探究しないだろう。その人はそのことを、もう知っているので、このような人には探究など必要ないから。／また、知らないことも人は探究できない。何をこれから探究するかさえ、その人は知らないからである[5]。

　『メノン』によるこのようなソクラテスの思想や行動は、「教える」ことに関与せず、「教える」ことの可能性を否定しているように見える。しかし、「教える」ことの問い直し／再発見を主唱するビースタ（G. Biesta）は、このソクラテスの産婆（助産）術から教師の役割の消失という契機を見出す。その上で、ソクラテスの導きによりピタゴラスの定理を見出した奴隷（召使い）の少年は、自らが学習者＝教授法の従者であることを教えられてもいるし、そうしたアイデンティティに対して、ソクラテスの「教える」ことが影響を与えてもいると指摘する。その意味で、ソクラテスは「教える」ことの痕跡を残さない「教師」であり、教師（ソクラテス）と生徒（奴隷・召使い）の間の変質と非対称性という根本構造が、ここでは覆い隠されているとビースタは解釈する。それはすなわち、「教えることから学習へのシフトが、ソクラテスの問答法という名のもとに進行している教えることを覆い隠す、あるいみでイデオロギー的なものであることも示している」[6]。

（3）「啓示」・「贈与」としての「教える」ことと教師からの「問い」

　ではビースタは、「教える」こと（teaching）をどのように定義したのか。彼は、「生徒がすでに知っていることをまさに超える何かを提示すること」、すなわち、「啓示」ないし「贈与」を受け取る現象として「教える」ことを捉え直す。そして、教えることは、私自身の能力を超えて、私が他者から受け取る関係性を示したものだと述べる[7]。

　その主張の前提には、教育に対する「学習／学ぶこと（learning）」の言語と論理の影響力が増大した「学習化（learnification）」（ビースタの造語）への批判的眼差しがある。学習化において、教師の役割は「壇上にいる賢人」から「〔学習者の〕傍らにいる支援者」や「〔学習者の〕後ろにいる仲間」へと転換した。教えることや教師は後景に退き、教師は子ども（児童生徒）が自律的に学ぶことを支えるファシリテーターや支援者の立場として組み替えられたのだ。

　このように読み解くビースタは、教えることの回復（recovery）／再発見（rediscovery）を試みる[8]。そして、教育者や教育機関に求められているのは、学習者が興味をもち、特有の仕方で、自分なりに応答することを許容することだと彼は主張する。教師（教育者）は自分とは異なる「他者」である。そうした他者と暮らす世界に対して、唯一的で特異的な存在者として参入することが教育という営みと結びつくならば、その営みは、他者の問い、また、そうして問う他者に応答するその仕方の中でこそ実現可能となる[9]。ビースタは次のように述べている。

> 生徒を他なるものに直面させたり、「あなたはどう思いますか」「あなたの立場はどのようなものですか」「あなたならどう応答しますか」といった根本的な問いを投げかけたりすることで、生徒の応答をうながす・・・〔中略〕・・・。こうした問いがきわめて困難な問いであることは、間違いないだろう・・・〔中略〕・・・こうした問いは、まさに根本的な意味において、教育的な問い（educational questions）である。というのも、こうした問いが生徒に

自分が何者であるか、自分がどこにいるのかを示すように求めるからである。こうした問いは、実際に問われることで、生徒が世界に唯一的で個体的な存在者（unique, individual beings）として参入することを可能にする[10]。

　ビースタによるこの教育観には、生徒に対する主権侵害の側面が含まれている。「教師の問い＝発問」を通した困難な問いの投げかけや困難な出会いの創出は、学び手である主体の権利を干渉する侵害の一形態でもあり、彼はそれを「超越論的暴力（transcendental violence）」（デリダ）と表現する。教師（教育者）は生徒の人生に常に干渉しているといえるが、そうした干渉は、時に深くかつ変容を喚起するような、また時に妨害を伴うものであり、大きな衝撃を生徒に与えることにもなる[11]。

　ただし、ビースタが回復ないし再発見を図った「教える」営みは、「統制」を意味しない。「統制」としての「教える」ことは、例えば、「小さく細切れにされ、あらかじめ決められた『学習成果』の生産や、よき市民や柔軟性のある生涯学習者といった、限られた特定可能なアイデンティティの確実な創出に向けた教育プロセスを操作することができる教師が、最善で、もっとも効果的な教師であるというもの」とする価値観として現れている。このような枠組みの問題点は、子ども（児童生徒）が教師の意図や行為の客体にすぎず、自身の主体として現れない点にある[12]。つまり、「生徒たちが教師から学習するという情況においては、教師は情報源として象られ、そのため、教師から学習されることは、生徒の支配下に置かれる」ことになる[13]。

　以上のビースタの主張は、「実際の教育現場では、教えることとともに自律的な学びの時間が確保されることで、教えることがもたらす『外部』からの呼びかけに、生徒たちが、より自分自身と関わる切実なものとして『出会う』ことが促される面もある」ことを意味し、「『学び』の価値を正当に保つ上で求められるのは、教師の役割を、『教える』にも

『学習のファシリテーター』にも偏らせないこと」を投げかけている[14]。

　こうした視点を踏まえて、子どもを主体とみなしながら、「教師が問う＝発問」することの積極的意義を軸に据えた授業のあり方を探る手がかりを得るために、次節では、ソクラテスの対話法を基軸に授業実践を行い、授業論・発問論を唱えた林竹二について検討する。

3. 発問の観点からみた林竹二の授業実践と授業論

（1）ソクラテスを出発点とした授業論

　林竹二は、ソクラテスや田中正造の研究から人間形成の基本的論理を追求した教育哲学者・思想家で、宮城教育大学学長も務めた人物である。林は、1966年頃から1984年頃にかけて全国各地の学校を巡回し、「人間について」「開国」「田中正造」「創世記」等を題材とする授業を300回以上行い、授業と教師のあり方をめぐる問題を教育界に投げかけた。

　林の授業は、大学の講義をそのまま行ったような伝統主義的な授業スタイルだったため、教師や教育研究者に評判はあまり良くなかった。しかし、授業を受けた子どもたちの感想文や授業時の写真や映像から、授業にのめり込み変容している子どもたちの様子が垣間見えるとして、そこに意義を見出した教師や映画撮影者や写真家らもいた[15]。

　ここで着目したいのは、林の"伝統主義的な／大学の講義のような授業"で、"子どもたちが授業にのめり込む様子"が見られた点である。「こどもの哲学」を日本で展開する高橋綾は、次のように、林の授業実践が哲学を人々の間で実践する優れた先例だと評している。

> 方法論だけを見る人は、林先生がこどもたちとした「授業」は、あるテーマについて、資料を提示しながら林先生が話していき、所々でこどもたちに発問をして考えさせる、という通常の一方向型の授業であり、…「こどもの哲学」のような、こどもたち自身の発話や関心に基づいて話が進んでいく対話型、参加型の授業とは異なるのではないか、というかもしれません。し

かし、林先生の授業実践の根幹にあるのは、ソクラテスに由来する「哲学的問答」にほかなりません。林先生が授業の途中の「発問」でこどもたちに求めているのは、その問いかけについて自分で考えてみることであり、通常の授業のように、教師の求める正しい答えを返すことではないのです[16]。

　林の授業は、30〜40人のクラスの児童生徒全員を満遍なく当てて発言の機会を確保するという方式で進められていなかった。彼は数名の児童生徒と徹底的に対話し、それをクラス全員の問題として共有し深めようとしていた。こうした授業の出発点が、ソクラテスの対話法（哲学的問答）であった。その目的は「ドクサ」＝「真の認識に対する低い主観的認識−疑似知」を吟味する営みとして授業を捉え、何かを教えるのではなく、子どもがもち合わせている知識や情報等を吟味することだった[17]。

　また、一方向型の講義のような授業スタイルにも関わらず、子どもたちの感想には、「僕たちと授業をした」といった文言が見られた。それは、授業をする教師（林）自身が子どもと仲間となり、子どもの中に問題を設定し、それを子どもと一緒に仕事をする仲間になっていたと林自らは解釈している。林にとって授業の大事な課題は、教師にとっての問題が次第に子どもにとっての問題になっていくことだった[18]。

（2）林の「教師による問い＝発問」論

　このような林の授業の基軸となっていたのが、「教師による問い」である「発問」だった。「林先生は、答えをだすと、どこまでも問い詰めるので勉強がたのしくできます。」というある児童による感想からもわかるように、林は授業の中で「問い」をいくつも子どもたちに投げかけた。そうした「問い」を彼は「発問」と呼び、「本来、外にあらわれない子どもの内部にさぐりを入れるための作業」と定義した。子どもたちから出てきた答え（意見）をきびしく吟味し、そうした吟味にかけられ

て初めて、子どもの発言は授業の中で正しく位置づけられる。このこと
を、林はソクラテスにならって、「子どもの魂（内部）を裸にして眺める
作業」と表現した[19]。例えば、林が兵庫県立湊川高校で行った「創世記」
の授業（1977年5月21日実施）における、次のやりとりをみてみよう[20]。

林　「エデンの園、すなわち神が創った、最初の人間のために神が用意してく
　　ださった楽園はどういう点で「楽園」だったんでしょうか。どういうと
　　ころだったから、それは楽園といわれているのでしょうか？極楽という
　　語がありますね。」
生徒1　「天国。」
林　「はい。キリスト教では天国。仏教の方では、それが極楽にあたる。／極
　　楽っていうのは、どういうところですか？」
生徒1　「エッ。」
林　「極楽っていうでしょう。それは、どういうところですか。」
生徒1　「極楽にもいろいろある。」
林　「うん、いろいろある。で、あなたどんなところが極楽だと思う。あァこ
　　りゃとっても楽だァ、極楽だ！そんなことを言うね。そういう時は、ど
　　ういう特徴がある？」
生徒1　「そんなん聞かれても、わからへん。現実に、そんなん体験してへん
　　　　から、わからへん。」
林　「体験していないからわからないか！そうか。じゃあ昔から、インドで極
　　楽のこといろいろ言っている・・・」
生徒2　「今と昔では違うから、間違いになるよ。」
林　「ウン、間違いになる！きびしいな。それでは、インドなんかで極楽とい
　　う時は、どんなところということになっていたのだろう。」
生徒1　「（しばらく考えて）アッ、ハス。ハスの池や。」
林　「ハス（蓮）の池がある。ハスが、こう咲いている。で、その蓮の花の上
　　に人が坐っている。で、・・・〔以下省略〕」

　「問いによって方向づけられ、いろいろと違った角度から問いなおさ
れて、ふつうなら考え及ばなかったようなものが考えられるようにな

り、見えるようになる。それが学習であり、追求でしょう」[21]。こう述べる林は、自身の授業に参加した子どもたちの姿から、借り物の知識では通用しないことを思い知らされ、そのことに自ら納得し、それによって解放され浄化される子どもたちの様相（カタルシス）を読みとる[22]。しかも、詳しく説明されたわけではないのに、「わかるまで教えてくれる」と感想に書いた子どもたちがいたように、林の授業では、子どもたちは授業が進む中で自分なりに納得がいくまで放棄しなかった。一方で林自身は、「問い」をいろいろ言い換えながら、何とか子どもたちに考えさせようとしていたのである。

　こうした子どもの学習を組織することが、授業を担う教師の仕事だと林は主張した。そして、「きびしい自己との対決がないところに、学ぶということは成立しない」のであり、「生徒の自発的な主体的な問題の追求は、ひとりでにできるものではなく、教師がきびしく授業を組織するときだけ、こどもの主体的な活動がひらかれてくる」ことだと林は強調した[23]。「教師からの問い＝発問」による子どもの発言の吟味と、そうした応答のやりとりを通した授業の組織化によって、子どもは主体的な学び手となる。逆にいえば、いかに子どもが発言していようとも、それを吟味して授業の中に位置づけることを行わなければ、それは授業として成立しないことになる。

　このような子どもの主体性の捉え方は、唯一的かつ特異的な存在者として参入することを教育の営みと結びつけ、他者の問い、また、そうして問う他者に応答する関係性という枠組みで教育を捉えていたビースタの主張とも重なり合うだろう。

（3）「問われる」教師

　さらに、教師自身も子どもから問いがつきつけられ、自分自身を表出せざるを得ない状況も起こりうる。次の林と湊川高校生とのやりとりをみてみよう[24]。

生徒3　「神っているん？」

林　「ええ、神。」

生徒3　「あるん？」

林　「それをいま考えているところだ。」

生徒3　「存在するん？」

林　「ええ、神の存在ね。むつかしい問題ですけれども、この『創世記』の記
　　　事を素直にごまかさないで読んでみると、勿論それは神の存在を保証す
　　　るものではないけれども、神を考えなければ理解できない事実のあるこ
　　　とは否定出来ないように、私には思えるんです。」

生徒3　「だからあるん？」

林　「だからないとはいえないのだと言っている。」

生徒3　「人間をつくったん、神か。」

林　「だからね、神が人間をつくったというのは、人間がこの地球上に存在し
　　　ているという事実のうちに、説明しようもない不思議なことがどのくら
　　　い、いっぱいつまっているかということなんです。‥‥〔以下省略〕」

　突然投げかけられた生徒からの質問（問い）に、林は教える行為で対
応することなく、迷いながら、その迷いを見せながら答えて（応えて）
いる。林は、子どもと一緒に途方に暮れるような「まごまごする能力」
が教師には必要だと説いた。林にとって、「子どもから思いがけないも
のが出てきて、こっちが面くらって何とか筋道を探り当てて展開してい
くような授業がほんとうはいい授業」だったのだ[25]。

　以上検討してきた林の授業実践は、学習化に代表される「教師不在」
のイメージと連動したファシリテーターや支援者の役割ではなく、「教
師の問い＝発問」の営みを基盤としていた。そうした彼の実践は、学び
手自身が考えたこともなかったことを考えさせる干渉ないし侵害ともい
える関わりを基軸にしていたため、ビースタが示した「超越論的暴力」
とみなすこともできる。

第6章　探究学習において教師が問いかけることの意味　｜　93

一方で、林の授業は、単に学び手の心をかき乱したのではなく、「問題が子供の中に入り込んでしまって、外からの強制ではなく、内からの促しがあって、どうしても自分がそれを解かずにいられない気持ちになっている」授業でもあった[26]。この点は、「教師による問い＝発問」を軸に据えながら、子どもの「問うこと」としての思考＝探究の習慣の形成を目指したデューイの授業観とも通じ合うといえよう。

なお、林は自身の授業実践に基づき、自らの教育思想や授業論、発問論を練り上げていったが、自らの授業自体をモデル（模範）として受け入れられることは望まなかった。単発的に学校現場に赴き、外からやってきた他者＝異邦人として授業を行う自分と、学校生活の中で日々子どもらと共に過ごしながら授業を営む教師たちとの立場の違いを踏まえて、自らの実践がそのまま現場の教師に適用可能でないことを、林は重々承知していた。林が世に問うたのは、授業の新たな／別の可能性の提示だった[27]。これは、自らの授業実践を題材に、授業そのものに対するドクサを吟味・検討する機会の創出を企図していたとも解釈できる。

この視点に立つならば、ドクサの吟味・検討としての「発問」観だけでなく、林の授業実践と教育思想そのものを今一度吟味・検討し、そこから今日に繋がる意義を見出すことが、「教える」ことと「教師による問い＝発問」を捉え直す重要な契機になるのではないだろうか。

[注]

1 藤村宣之（2023）「探究的な学びを支える教師の専門性」日本教育方法学会編『教育方法52 新時代の授業研究と学校間連携の新展開』図書文化。

2 マシュー・リップマン、河野哲也・土屋陽介・村瀬智之監訳（2014）『探求の共同体：考えるための教室』玉川大学出版部。

3 J. Dewey (1933). *How we think: A restatement of the relation of reflective*

thinking to the educative process, D.C. Heath and Company, p.266。

4 豊田久亀（1988）『明治期発問論の研究：授業成立の原点を探る』ミネルヴァ書房、4〜5頁。

5 プラトン、渡辺邦夫訳（2012）『メノン：徳について』光文社古典新訳文庫、67頁。

6 G・ビースタ、田中智志・小玉重夫監訳（2021）『教育の美しい危うさ』東京大学出版会、64頁。

7 ビースタ（2021）『教育の美しい危うさ』67〜70頁。

8 G・ビースタ、上野正道監訳（2018）『教えることの再発見』東京大学出版会、1〜2頁。

9 G・ビースタ、田中智志・小玉重夫監訳（2021）『学習を超えて：人間的未来へのデモクラティックな教育』東京大学出版会、27〜28頁。

10 ビースタ（2021）『学習を超えて』29頁。

11 同上書。

12 ビースタ（2018）『教えることの再発見』2〜3頁。

13 ビースタ（2021）『教育の美しい危うさ』76頁。

14 河野桃子（2023）「学び」教育哲学会編『教育哲学事典』丸善出版、261頁。

15 藤原幸男（1996）「林竹二の授業における身体と癒し」『琉球大学教育学部紀要　第一部・第二部』49、75頁。演出家の竹内敏晴も林に師事した一人である（竹内敏晴編（2003）『からだ＝魂のドラマ：「生きる力」がめざめるために』藤原書店）。

16 高橋綾（2018）「インテルメッツォ：日本にも『こどもの哲学』はあった！　林先生に伝えたいこと」高橋綾・本間直樹／ほんまなほ『こどものてつがく：ケアと幸せのための対話』大阪大学出版会、116頁。

17 林竹二・松本陽二・小野成視（1976）『林竹二・授業の中の子どもたち』日本放送出版協会、84頁。

18 同上書、76〜78頁。

19 林竹二（1977）『林竹二・教育の再生をもとめて：湊川でおこったこと』筑摩書房、56頁。

20 同上書、126〜127頁。なお、この授業記録には生徒の氏名が記載されているが、引用の際に「生徒」の表記に変更している。

21 『教育の再生をもとめて』57頁。

22 『授業の中の子どもたち』78頁。

23 『教育の再生を求めて』57〜58頁。

24 同上書、147〜148頁。

25 『授業の中の子どもたち』83頁。

26 同上。

27 『教育の再生をもとめて』70頁。

|第7章|

学びを育てる教師の役割とは何か ―「自主探究的な学び」の授業実践から―

宮腰 誠（四日市メリノール高等学校講師）

　本章では、過去5年間にわたって取り組んだ「自主探究的な学び」の授業実践をもとに、学びを育てる教師の役割について考えてみたい。「生徒が自主的かつ探究的に学ぶ授業」は、言葉としては、授業研究の主題やスローガンによく見られるものである。教師の計画や意図、統制や操作の中で、生徒が受け身ではなく能動的に学べたらという願いに立って、その手立てを工夫・改善しようというものだが、私が取り組んだのは、「生徒たちが、学習の進度や活動の内容のイニシアチブをとり、自分たちで授業を進め、納得するまでこだわって学ぶ授業」であった。そこで、これを以下「自主探究的な学び」と呼ぶことにする。

1.「自主探究的な学び」への契機＝
　教師主導の問答型の授業への疑問

　こうした実践に取り組んだのは、一言で言えば、教師主導の問答型の授業への疑問である。教職について以来、たくさんの授業を参観する機会に恵まれたが、それら多くの授業では、教師が、目標、手段、教材資料や時間配分を詳細に計画し、その路線にそって、教師からの発問という問いかけや説明、生徒の反応統制の技を駆使して、その計画を遂行すれば生徒の学びが完了するということが自明の前提であった。その上で、どれだけ生徒の活発な活動や反応が見られるか、また時間内に能率よく授業を終えられるかなどが、教師の力量として評価されていた。私

自身もそうした授業のできる教師に憧れを感じないわけではなかった。

　しかしその一方で、私自身が学び手である生徒の立場に立ってみると、教師が生徒に問いかけ、その反応を受けて進める教師主導の問答型の授業には、以下のような疑問を感じるようになったのである。

①「教師＝問う人、生徒＝答える人」という構図と
　「わかった人・できた人」中心の授業への疑問

　多くの授業では、教師は問う人であり、生徒は答える人である。さらに教師は、生徒の反応を評価する人でもある。生徒にしてみれば、自分が試されているわけである。しかし、これは、知らない者が知る者に問い、その答えに対して感謝するという日常の会話のしくみからすれば、全く正反対である。また、教師の問いは、「わかった人？できた人？」の挙手や発言から始まるが、むしろ「わからない人？」「悩んでいる人？」「困っている人？」あるいは「迷っている人？」の問いや意見こそ、学びの始まりであり授業で大切にしなければならないのではないか。知らない世界を知り、わからないことがわかり、できないことができるようになってこそ、学校へ来て学ぶ意味があると思うからである。学校は、評価する前に、まず学ぶところではないのか。

② 教師の思惑や路線で、生徒の反応を操作することへの疑問

　教師は、指導内容の答えのみならず、授業の予定についても事前に知っている。にもかかわらず、敢えて何も知らないかのように生徒に問いかけ、生徒からの意見を初耳のようにうなずいたり、賞賛の言葉をかけたりする。一方、教師の思惑や路線から外れる意見については、「他に？」と他の生徒の発言を求め、予め想定していた結論に向かって都合のよい意見をまとめていく。これは、用意された台本にそって進める演技と同じである。実際、「皆さん、自分たちで考えてみましょう。」という教師の問いかけに生徒が答えると、「素晴らしいね。そうだね。」と言いつつ、教卓の下から事前に書かれた短冊カードが黒板に提示される光

景に出会ったことがある。それを見た途端、生徒は、自分たちで考えたことは、教師によって最初から予定されていて、所詮は教師の掌の上で転がされていたに過ぎないと感じるであろう。さらに、こうした教師主導の授業では、教師の都合による一方的な授業ルールの設定や不自然な指示も見られることがある（発言競争、全員挙手、進度サイン等）。

　ところで、こうした教師主導の問答型の授業では、一体何が問題なのか。こうした授業では、生徒の関心は、学習内容を理解し納得することよりも、教師の問いに対して教師が期待する正解を察知し、教師の要求にうまく合わせることになるからである。実際、教師から問いかけると、当てずっぽうに答えだけを連発するという生徒は、発言とは、自分の思いや考えを聞いてもらうことよりも、教師の答えを当てることだと思っている。そして、答えを当てることに失敗した経験は、次第に発言から遠のき苦手意識に変わっていくのではないかと思ったのである。

③ 指導計画、効率性を最優先することへの疑問

　授業は、生徒の学習の場であるが、そこで扱う指導内容と時間には、当然のことながら制約がある。従って、当初はその制約の中で、どれだけでも生徒が学べるように授業を工夫するのが教師の仕事であると考えていた。

　ある授業後の研究会のことである。導入に長く時間がかかった授業に、「導入は、5分で‥‥。」という指導を聞いたが、そのときふと疑問が生じた。その5分という根拠はどこにあるのか。指導案や指導計画を基準にした時間配分からなのか、授業に熟練した指導者の経験からなのか。それにしても、授業で最優先すべきは、指導案ではなくて目の前の生徒ではないだろうか。最初に時間ありきではない。指導案や計画は、生徒の学びのためのツールの1つであって目的ではない。授業を効率化するあまりに、学びが単なる遂行、処理になってしまい、さらには生徒が、学びとは、課せられたことを処理、遂行することだと学んでしまう

と思ったのである。

2．自主探究的な学習の実践の概要

　以上の疑問から取り組んだのが、中学校理科における「自主探究的な学び」の授業である。それは、教師主導の問答型の授業への疑問をもとに、その反対、つまり、学習内容と生徒の学びを根幹に置き、それに教師の存在や活動、また、教室や時間などの環境を効果的に付加していくという発想から始めた。そこで描いていた授業のイメージは、以下の①〜③に示したようになる。

① 問いを抱いて学ぶのは生徒自身である。（課題の主体化）

② 生徒が授業の進度や活動予定についてイニシアチブをとり、問いに対して学びの手がかりとなるものは、自由に収集し、活用し交流し、自分たちが納得いく解決が得られるまで学び続ける。（自主共同活動）

③ 自分たちの学習を振り返り、見直しをして次の学習に生かす。（自己評価と対話）

　授業内容は、私自身の専攻が化学であること、実験活動を取り入れやすく、生徒の苦手な計算の少ないことから、化学領域の単元について行った。また、探究的に学ぶためには、課題解決的な学習過程が最適であると考えた。ただし、「探究的」とは言っても、学校の授業ではカリキュラム上学ぶ内容は制定されているため、その内容の範囲内での問いについて、授業では「課題」と呼び、課題は、生徒が解決か未解決を判断しやすくなるように常に「疑問形」で表現することとした。

　以下は、教師側で行った具体的な手立てであるが、「生徒が中心に進める」という点については、生徒は既に教師主導の授業の経験に慣れているだけに、学習についての意識や考え方（学習観）、学び方を変える必要があった。自ら学ぶことの大切さや面白さ、その方法などを、積極

的に提案し、学級全体、班や個人などにはたらきかけていった。中でも「授業は教師が説明すれば済むことを、なぜ自分たちが活動しなくてはならないのか」という生徒には、「学ぶということは、目の前の作業を片付けることではなく、自分を変えることだから、トイレと同様、他人が代わることはできず、自分がしない限り自分の学びにはならない。」と、学びの身体性や自己変容について話した。このように、学習内容だけでなく、学ぶことの目的や意義、学び方についても、私自身の考え方や学んだことが参考になればと、授業の中で機会をとらえては語りかけていくようにした。

① 課題の主体化

　単元全体を見通して、生徒が疑問をもてるような自然事象を提示し、生徒からのすべての疑問を、生徒と発表と話し合いで、累計・集約して課題を計画した。内容によっては、教師から課題を提示する場合であっても、一方的な指令ではなく、これまでの学習の経緯や課題と生徒の生活との関わり、課題を解決することの意義（学習内容とこれまでの自分の抱いていた疑問のつながり、学習内容と自分や周りの人の生活との関わり、学習内容の活用性）についての情報を付加して補足説明し、生徒との合意の上で探究を始めるようにした。それは、「学習内容が、自分と関係ないか、あるいは関係がわからないが、やることになっているから、あるいは教師から言われたことなのでやっている」という状態では、課題が自分のものとならないばかりか、探究活動も単なる手順通りの処理や作業に終わり、学びにつながらないと考えたからである。

　ちなみに、この実践では、電流が流れない固体の物質が水に溶かすと電流が流れるという現象について、生徒たちが抱いた疑問を整理した課題、生徒たち自身の体の中での物質の変化や化学工業によって作られる日常製品など化学変化と生徒の生活に関わる情報の提供とそれらに関って生じた疑問から課題、また、原子やイオンについての化学史的な資料

や話題をもとにした課題や、濁った海水から飲料水を取り出すという現実的で具体的な場面を想定しての課題など、生徒の興味や疑問はもちろんのこと、経験や既知の知識に結びつけた話題を提供する中で課題を設定した。

② **自主共同的な活動**

　生徒が自主的に探究を進められるように、教師側で用意したプリントではなく、生徒の各自の一般的なノートを思考のツールや記録に使った。また、その基本的な使い方については、従来からの主体的学習、学び方学習、仮説実験授業、発見学習などの各学習論を参考に、「課題」→「予想（仮説）」→「実験」「観察」→「結果」→「考察」→「まとめ」という流れを基本的な学習過程として、見出し線と見出しを入れるようにした（**写真**）。

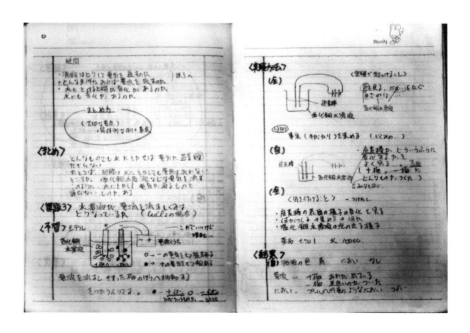

学習過程の見出しをつける方法は、他校の実践でも見られ、中には指導計画にそってワークシートを冊子にしてノートにしたものもあったが、私は以下の3点から、あえて生徒の活動状況に合わせて、その都度見出しを書くようにした。

　第一に、予め見出しがすでに記載されたワークシートは、授業が教師の路線で進むため効率はよいが、生徒自身の学びの状況によって予定を修正する、あるいは戻るなど、生徒の主体性や探究の多様性や柔軟性が失われるからである。第二に、学びが生徒主体の探究的な活動になればなるほど、単位時間ごとの授業ではなく、一課題につき複数時間を要することが多くなる。そうした授業でも、「今、何を解こうとしているのか」という課題を連続して意識し、また、生徒が自分たちで見出しを書くことにより「この時間は何をするのか」という自分の学習の進捗状況を意識できることに意味があると考えたからである。第三に、探究的な学びについては、探究の過程を「科学の方法」と呼び科学者の探究を一律のパターンでとらえることについての批判や警告があったことを考え、パターンに囚われないよう、見出しは学習の状況に応じて、柔軟に書き込む方がよいと判断したからである。従って、例えば、「課題－予想－実験－結果－考察－まとめ」と単調に進むこともあれば、「課題－予想－実験－実験（再）－考察－実験－考察－まとめ」となることもあるわけである。

　生徒たちが課題を解決するにあたって、予想や見当の立案、実験検証の方法などを調べたり考えたりするときは、教科書、図書館の本、ＴＶ番組、友達の発言など、情報源を明らかにすれば、すべて活用してもよく、常に生徒たちと吟味することにした。これは、科学上の発見は、たとえ独創的なアイデアであっても、最初から自分一人の考えなどによるものではなく、先行研究や関連する様々な情報や知識の中で生まれていることを考えれば、生徒が、情報を収集しそれらを活用することなく、

全く何も知らないところやわずかな経験から考えることは、不自然であり、無意味であると考えたからである。

　学びの場としては、基本的に理科室は実験で使用し、教室では課題について調べた情報、実験の方法や結果の発表や交流の場として使用した。その際、黒板は生徒が自由に使い、机列配置についても、全体の話し合いの場合は、互いに顔を見て話ができるようコの字形に、またグループの話し合いが必要なときはグループごとに机を寄せて話し合うこととした。その使い分けについても、生徒たちの希望をもとに最も効果的に学べるよう考えさせ臨機応変に対応した。

　学級全体の話し合いでは、教師が司会をしたり、特定の生徒が司会をしたりして進めるのではなく、混乱にならなければ誰から発言してもよく、発言は学級全員への問いかけとしてとらえ、発言者の発言を聞き、自分たちで話をつなげていくようにした。生徒には、「学習課題について、日常的な話し合いの感覚でやっていこう」と呼びかけた。

　課題の設定からの探究活動における教師としての基本的な方針は、共に学習者の一員として加わり、生徒たちの自主的な活動を励まし、そのために必要なことは惜しまず協力することとした。生徒の学習活動が停滞していても、決して一方的に進めたり、叱ったりせず、忍耐強く生徒の活動を見守ることにあると考えた。具体的には、「今、何を解こうとしているのか？」「どのように解決しようか。」「何か手がかり（情報）は見つかった？」「どうやって（実験で）確かめようか。」「（実験で）確かめてみてどうだった？」「どんなことがわかったのか。」など、授業の推進者は生徒であることを念頭に、学級全体にあるいはグループや個々の生徒に進捗状況を聞き、意識できるようにした。その際、生徒の反論、批判、質問の余地を残すことを大切にした。また、常に、問題発見、仮説の立案、実験、考察などについて、一般的な学び方のコツを提示し、思考の手がかりとして活用できるようにした。生徒の活動につい

ては、その時々の状況に応じて、彼らの考えや得た情報について、その根拠や理由、他の事との関連性、具体化（例示）、比喩、視点の変換（反対や逆、拡大や縮小）、例外の指摘など、あらゆる思考のツールを活用して、随時、臨機応変に確かめるための対話を大切にした。そこでは特に教師の誘導や操作にならないように、「正解！」や「素晴らしい！」という評価の言葉ではなく、「なるほど！」「面白いね」「よくわかったよ。」など、同じ学び仲間としての共感や合意の言葉を用いるようにした。

③ 自己評価と対話

　学びの本来的な意義は、単に所定の課題を解決することや作業を達成することではなく、それらの活動を通して、学び手自身が変容することにある。学びによって自分の視野が広がったり、根拠が確かになったり、また、それによってできることを新たに獲得したり、上達する。あるいは、人との関わりも広がりや深まりが生まれ、考え方や生き方も変わってくる。自分自身が「変われる、変わった」という実感こそ、学びの喜びであり、新たな学びへの意欲にもつながると考えた。そこで、こうした実感を意識できるよう、課題ごとに「感想（学習内容や活動についての質問や相談はもとより、新たな疑問も付随して考えたこと、学習前の自分と比べて思ったことなど）」を自由に書き、随時自主的に提出することとした。それに対する教師からのコメントの内容は、生徒の記述内容の正誤や合否、賞賛と激励のような形式的な評価ではなく、質問への対応、記述内容に関連した情報の付加や提供、気づきや驚嘆への共感、考え方や学び方の紹介など、手紙の返事の要領で書くようにした。

3.「自主探究的な学び」の授業実践を通して得たこと

　以上が、実践したことの概要であるが、幸い実践中や実践後の反応では、自分たちで学習することの厳しさや楽しさの声が聞かれ、また教科

への意識や学び方、学習観などにも変容が見られるなど、実践の本来の目的である生徒の学びについては成果が得られた。

　と同時に、この実践は、私にとっても、単なる指導法の開発にとどまらず、授業のあり方を根底から考える契機となった。とりわけ、以下の3点は、現在に至るまでどのような授業においても、実践の基本的な指針として大切にしていることである。

　1点目は、授業は常に固有の創造的活動ととらえ、目の前の生徒の学びを最優先に考えて、指導計画や指導法を柔軟に変更・修正・再構成するということである。もちろん、学校の教育内容は社会的要請を受けたものであり、指導計画や時間割、施設や教室環境など指導条件が無駄なく計画的に整備されている。教育が、公的な営みである以上、どれも無視はできない現実である。

　しかし、私たち教師が忘れてならないことは、授業は、その教師、その生徒という固有の存在が関わり合って学ぶ固有の出来事であり、それは、ライブ演奏にも似た芸術的で創造的な活動である。従って、教師は、生徒の学びをまず中心におき、様々な制約や条件、指導法などを相対化し、生徒の学びの状況に応じて、授業前、授業の中においても、絶えず制約条件や計画、指導方法など可能な限り柔軟に再構成し、授業の中でも臨機応変に対応することこそが役割だと考える。それを果たすには、教師自身とは無関係にどこかに優れた方法があり、それを習得することではなく、教師自身が自らの実践を反省し改善するという中で、修練していくことが必要不可欠だと考えている。

　2点目は、教師は、単に学習内容に精通するだけではなく、それらを文化として多角的にとらえ、親しみ常に学びつつあることが大切だと考える。生徒が自主探究的に学ぶとき、そこでは、学習内容と関連する多種多様な事柄についての問いや意見も出てくる。従って、それらに対応するには、教師は単に教科書の記述を一面的・表面的に理解し習熟して

いるだけでは不十分である。学習内容について、根拠や概念相互の関係、由来や経緯、他の教科や文化や社会、生活との関連など、広い視野や多面的・多角的な視点から考え、構造的に把握していることが欠かせない。つまり、学習内容を断片的な知識の集積ではなく、人間の文化的な営みとしてとらえること、加えて、それらの大切さや見事さ、面白さを発見、鑑賞する態度も大切だと考える。ただし、それらは、単なる教師の博学さや過去の学びにおける努力や優秀さの経験を指すのではなく、むしろ今現在、常に「学びつつある」存在であるか否かが大切なのである。なぜなら、そういう教師こそが、同じ学ぶ者として、生徒の苦労や喜びを共感でき、生徒からも憧れや尊敬の対象になり、人間的な面でも感化や教育力の源泉にもなり得ると思うからである。

　3点目は、授業には、「対話」が不可欠であるということである。ここで言う「対話」とは、対等な人間同士が公正に双方向に意見を交わす行為であるが、言葉以外にも表情、動作すべての応答的な交流を指す。

　私はこの「対話」の大切さを、次の三相で捉えている。まず、「対話」は、たとえ授業外の話題であっても、教師と生徒が、安心して信頼できる人間関係を築く契機となる。「対話」によって、生徒は一般的な学び手ではなく、「私」と「君、あなた」という互いをわかり合う部分ができ、無視できない関わりが生じる。次に、授業での「対話」は、人間関係を土台に、教師と生徒、あるいは生徒同士が、互いに合意や共有する世界を目指して、相手の知らないことはお互い相手に伝え、わからないことは聞き合い、吟味し確かめながら、共に欺瞞や忌憚なく語り合うことである。これにより、課題や内容の表面上の言葉の意味だけでなく、根拠や関連、経緯など理解に必要な知識の多重構造への問いが生まれ、学びが膨らんだり深くなったりする。また、「対話」は、無自覚的に行っている言動の意識化、知識や考えの修正など、双方に変容をもたらす。そして、その変容こそ双方の「学び」の証である。最後は、こう

した「対話」によって、自分自身が納得でき、他者とも共有できる世界ができたという経験を積み重ねることは、単に学びの喜びや自信になるだけでなく、新たなる学びへの意欲につながると思うのである。

　以上が、つたない実践から得た私自身の授業論である。昨今は、目的や必要性の欠落した方法至上主義、過剰なまでの効率主義、「評価のために」という目的と結果が倒錯した結果主義などの風潮を強く感じることが多い。しかし、それらに流されることなく、「人間」「文化」そして「対話」を大切に、今後も一期一会の実践に臨む決意を記して、本章の結びとしたい。

Ⅳ 争点のある学びと教師の問い

第8章 市民性教育としての話し合い：個人の問題から学校全体の生活課題へ ──── 藤本 奈美

第9章 SDGsに関する学習の要点と教師に求められる役割や工夫 ──── 木村 裕

第8章 市民性教育としての話し合い：個人の問題から学校全体の生活課題へ

藤本 奈美（愛知教育大学教育学部講師）

　本章では、学校生活のなかで起こる問題を、市民性教育の枠組みにおいて、いかに子どもたち自身の課題としてとらえ、とりくんでいけるのか、という視点から考察する。そのため、事例検討を通して、いじめの問題が、教師による「教育的指導」のもと解決される個人間の問題としてとどめられることなく、学校全体の生活課題として組織・検討される過程とともに、そこでの教師の問いかけのあり方と役割を明らかにすることを目的とする。

　市民性教育（またはシティズンシップ教育）とは、「子どもたちが自らの属する社会の一員として生きていくことを支援する教育」[1]である。世界的には、1990年代以降、欧州議会等の国際組織において市民性教育に関する政策提言や実践が進められた。イギリスでは1998年に、行動的市民を育成する教育の重要性が提起され、2002年から中等学校において市民性教育が必修化された。

　これらの世界的な流れを受けて、2000年前後から日本における市民性教育についての研究や実践が盛んになった。現在に至るまで、学校や市民団体などにより、学校教育における市民性教育の実践が行われている。たとえば、多文化共生に重きをおき、教師や子どもに「主権者」や「市民」とはそもそも誰なのかを問う研究実践[2]や、社会科や家庭科など、各教科において市民性教育にアプローチするものもある[3]。また、2015年に実施された20歳から18歳への選挙年齢引き下げにより、とく

に政治教育や主権者教育の観点から市民性教育に光が当てられるようになった[4]。

　このように、方法はさまざまであるが、市民性教育においては、子どもが自身の属する社会の課題に責任をもって参加し、議論していくことが強調される。さらに、学校における市民性教育においては、学校は市民社会の一部であり、子どもが学校生活を通して「市民としての経験」を積んでいく場所であると考えられる[5]。このような視点から考えると、子ども間のもめごと、つまりいじめは、子どもたちにとって、自らが属する共同体における市民性教育の重要な課題であるといえる。

　現代の先進諸国においては、「人権」や「人間の尊厳」「自由」「平等」などの人間主義的価値観を規範の準拠点としており[6]、市民性教育においてもこれらの実現が目指されている。このような普遍的な「理念やルールに照合して、ものごとの是／非を分ける」[7]秩序は、「市民社会の秩序」と呼ばれる。

　しかし、いじめが起こる学校環境においては、子どもたちの間に「市民社会の秩序」ではなく、「群生秩序」が優位に働いていることが指摘されている[8]。社会学者の内藤朝雄によると、「群生秩序」とは、「群れの勢いによる秩序」、すなわち、同調圧力のもと、その場の雰囲気を「みんな」でともに生きることにより、その場のノリや空気が「畏怖の対象」とともに「『是／非』を分かつ規範の準拠点」になる秩序[9]である。この「空気」は、いじめの温床である子ども間の固定化された序列関係、スクールカーストをつくるものである[10]。

　そこでは、「市民社会の秩序」における人間主義的価値観は、「悪」としてとらえられ、「反感との対象となる」[11]。このような状況では、たとえ道徳や学級活動などの時間に、教師から子どもに「いじめはいけない」というルールが示されたとしても、「人権」や「人間の尊重」といった価値観については形式的に言及されるにとどまり、その意味が子

第8章　市民性教育としての話し合い：個人の問題から学校全体の生活課題へ　　111

どもたちの生活のなかで問われることは困難になる。

　以上をふまえ、本章は、いじめが深刻化する前、もめごとの初期の段階で、学校の規範の押し付けや表面的な「解決」に陥ることなく、市民社会の論理のもと、子どもと教師が、いじめを自分たちの生活課題として問題化し、民主的な話し合いをおこなうことの可能性を探る。そのため、「学校いじめ基本方針」[12]において、いじめを話し合いで解決することを定めている学校法人きのくに子どもの村学園[13]きのくに子どもの村小中学校（以下、きのくに）の全校ミーティングにおける話し合いをとりあげる。

　具体的には、第一に、きのくにの市民性教育実践である全校ミーティングについて概観する。第二に、全校ミーティングにおける具体的事例の検討を通して、個人の心情や考えを尊重しつつも、いかにいじめが、学校全体の生活課題として共有されていくのか、その過程を明らかにする。第三に、教師が子どもに何を問いかけ、子どもとどのような応答関係を築いているのかを明らかにする。

1.市民性教育としての全校ミーティング

　本章では、市民性教育の観点から、いじめの解決に向けた話し合いについて考察をおこなう。そのうえで、まずは、事例となるきのくにの全校ミーティングの原理的根底と、そのしくみを確認する。

　きのくにでは、学園長の堀真一郎が、アメリカの哲学者、ジョン・デューイから、人間の生／生活（life）を支える体験的な知的探究と直接民主主義を引き継ぎ、体験型の「プロジェクト」と呼ばれる総合的な学習を中心に据えた教育課程が展開されている。生活体験が教育活動の出発点にあり、生活をつくっていくために、話し合いは不可欠なものとしてとらえられているのである。そのため、きのくにでは、週1回開催される小中学校合同の全校ミーティングだけではなく、授業を含む学校生

活全般において、ミーティングが多い。たとえば、「プロジェクト」の年間計画、1学期の計画、週間計画というふうに授業内容を決定していくためのミーティングや、修学旅行の計画・実施・ふりかえりのためのミーティングなどである。

　本章がとりあげる全校ミーティングは、イギリスの教育者アレクサンダー・ニイルがつくったサマーヒル・スクールにならい、自治の場として設けられたものである。

　きのくにでは、現在、毎週金曜日11:00から11:45の間に、全校ミーティングがおこなわれている。職員室前のホールの一角に設置された議題箱「ミーティング・ボックス」に、前日までに議題が入れられる。当日の朝、ミーティング委員から各クラスに議題が伝えられる。

　ミーティングの議題は、教師、もしくはミーティング委員などの一部の子どもが決めるのではない。子どもたちから寄せられたものである。別の言い方をすると、議題、すなわち生活上の問いは、子どもたち自身でつくっていく。全校ミーティングは、春祭り、運動会といった恒例行事や、子どもがその時々に提案・企画する行事などの楽しい出来事についてだけではなく、本章で注目するいじめの問題をも、学校全体で共有、議論する場である。堀によると、「○○さんにいやなことをいわれた、された」つまり、いじめの問題はミーティングにおいて、もっとも多くとりあげられる議題である[14]。

　ミーティング委員会は、1期生の子どもの発案により発足した[15]。委員会のメンバーは、立候補した4年生以上の小学生と中学生である。立候補者は、全校ミーティングにおいて、参加者全員の承認を得て委員となる。ミーティング委員は、全校ミーティング開催前と後に集まって、議論の進め方について話し合う。ミーティングをスムーズに進めるため、議題によっては、事前にミーティング委員が個別に当事者と話し合いをおこなう場合もある。このような場合は、議題の内容と取られた方

第8章　市民性教育としての話し合い：個人の問題から学校全体の生活課題へ　113

策がミーティングにおいて報告される。

　全校ミーティング当日は、議長１人がミーティングのファシリテーションをおこない、書記１人が記録をとっていく。これらの役割は、委員会のメンバーが交代でおこなう。

　ミーティングでは、子どもも教師も同じ重さの一票をもち、話し合いと多数決がおこなわれる。ただし、単純に数の多さで物事が決定されるのではなく、さまざまな立場、角度から話し合うことによって、一人ひとりの心情や考えを尊重することが重んじられる[16]。

　このように、きのくにでは、教育課程のあらゆる場面において話し合いを通して、子どもが決断し、物事を進めていくことが習慣的におこなわれている。本章でとりあげる全校ミーティングは、子どもの生活課題を全校で話し合う場である。そこでは話し合いが教師主導にならず、子どもを中心としてうまく機能するよう、ミーティング委員会を中心としたシステムが構築されている。このような日常の話し合いの習慣とシステムがあってこそ、全校ミーティングは、子どもが提出した生活上の問いをもとに議論をおこなう市民性教育の場となっていると考えられる。

　だが、子どもと教師が、個を尊重しながら皆の生活課題として、いじめを含む個人間の問題を話し合うということはいかに可能になるのか。また、そのとき、子どもと同じ重さの一票を持ちながらも、子どもたちの「市民としての経験」を支援する側にいる教師は、子どもに何を問いかけ、彼らとどのような応答関係を築いているのか。

2. 全校ミーティングの過程：
いかに個を尊重しながら、全体の生活課題とするか

　ここでは、個人の心情や考えを尊重しながら、いじめを皆の生活課題として話し合うということがいかに可能になるのかについて検討する。

　学園ホームページの「学校いじめ防止基本方針」には、いじめは「特

定の個人または集団が、特定の集団または個人に対して身体的・心理的苦痛をあたえる加害行為である」と定義されている。つまり、学校がどう認定するかではなく、受けた当事者が苦痛を感じるかどうかが問題とされる。いじめへの対応としては、「ミーティングで話し合うことを第一とする」と定められている。

> 教師が当人を呼んで個別に指導するのではなく、些細な事象であっても、まず子どもたち全員が自分たちの問題として受け止め、その事例の解決だけでなく『いじめ』のない学校にするための工夫や方策などを論じることが肝要である。教師による個別指導は、上記の方針を補うものとして、適宜、有効に活用すると同時に、必要に応じて家庭へも連絡して理解と協力を求める[17]。

　受けた当事者が苦痛を感じるかどうかが問題とされることから、全校ミーティングを含むいじめについてのミーティングの場では、小さな事柄であっても話し合うことが推奨される。まずは当事者の気持ちと事実の確認がなされる。さらに、いじめのない学校にするための工夫や方策などについても、皆で意見を出し合って議論する。では、実際の全校ミーティングはどのようにおこなわれているのだろうか。ここでは、筆者が観察したある日のミーティングの様子を確認する（名前はA、B、Cと記載する。学園長以外の教師の発言については、アルファベットの後に（担任）または（教師）と記す）。

> 議長：「AさんからBさんにいじわるされる、いやな思いをしてる」という議
> 　　　題が出ています。Aさん、どうですか。
> A：いやだった、緊急の問題だ。
> C（担任）：［担任として］クラスで、Bさんに話を聞いた。
> E：BさんはAさんにいやなことをする理由はあるの？
> 議長：（Bさんの気持ちをくみとって）［なんでかわからないけど］またし
> 　　　ちゃうから？

B：うん。

……AさんとBさんのやりとりを目撃したり、聞いたりした数人の子どもたちから、事実が報告される。……

学園長：ほりさんはねえ、Bさんが［入学前の学校］体験で来た時、体は小さいけど、なかなかしっかりした子やなと思ってたの。だから、やめられないかなあ。

B：うん。

D：（挙手）はい、でも前の話し合いでやめられないって言ってて、ここではやめられるっていうのはもやもやする。

E（教師）：じゃあ、Bさんにどうしてもらったらいいと思う？

D：えっと、私だったら大勢の場で喋るのは難しいから、少人数の場でなんでやめられないのか話す場を設けたらいいんじゃないかな。

C（担任）：Bさん、お母さんやお父さん、習い事の先生にもきつい言葉言われてるって言ってた。

F：親の話も出てきたし…［話が広がりすぎている］。

G：なんでやってしまうのっていうところでなんなん？

H（教師）：はい、それ［やめられないということ］がBさんの答えやと思うねんけど、だから周りの人が［しないように］ほめてあげたらいいんとちがうかな？

I：ぼくもそれでいいと思うんだけど、［Bさんは］自分がやられてることと同じことをAさんも［Bさんによって］されてるって［Bさんは］思ったらいいんじゃないかな。

J：Hの考えもいいと思うけど、少人数で話せる場所をつくったらいいんじゃないかな。

　全校ミーティングでは、いじめを受けた当事者が問題を提示し、それに基づいて事実確認がなされる。当事者の証言をもとに、周りの子どもや大人が目撃したり、聞いたりした事実が報告される。このようなやりとりは、当事者、とくに相手を「傷つけた」とされる子どもを糾弾して

しまうやりとりにもなり得る。しかし、きのくにでは、子どもも教師も落ち着いた、冷静かつあたたかなまなざしで当事者を見守っていることが、筆者にとってはとても印象的であった。ここでいう冷静さとは、理性的・論理的に判断することとはまた別のものである。さしあたりいうならば、相手がどのような行動をしても、一定の距離を間に保ちながら受容することから生まれる冷静さである。このような姿勢はどこから来るのであろうか。それは、全校ミーティングのねらいにも関係していると考えられる。堀は、以下の2点をねらいとして挙げる。

① 集まってアイデアや思いを披瀝しあうことによって、…自分以外の人たちがそれぞれに違って存在していることを体で感じる。
② それぞれが自己意識を強く持ち、同じように強い自己意識を持つ仲間と共に生きるという経験の積み重ねの中で「楽しいことはより多く、イヤなことはより少なくする術（すべ）」を身につけ［る］[18]。

　たとえば、「…（Bさんが）前の話し合いでやめられないって言ってて、ここではやめられるっていうのはもやもやする」などの発言に見られるように、子どもたちは、何が正しいのか悪いのかといった規範に依拠するのではなく、まず、心情や考えを披瀝する。このように、違和感を含む自身が感じた心情を認識したうえで問題を話し合うことにより、一人ひとりが、自分自身が持つ感覚や考えを受けとめ、信頼することが可能になっていると考えられる。
　また、自分を信頼することにより他者を信頼することも可能になるために、他者の立場に共感を持ち、あたたかなまなざしを持って、自分たちで考えを出し合うことができていると考えられる。たとえば、「私だったら大勢の場でしゃべるのは難しいから、少人数の場でなんでやめられないのか話す場を設けたらいいんじゃないかな」や「［Bさんは］自分がやられてることと同じことをAさんも［Bさんは］されてるって

[Bさんは] 思ったらいいんじゃないかな」といった発言には、子どもたちが、いじめを受けた子どもだけではなく、いじめた子の立場にも立つ想像力と共感を持って問題解決に取り組んでいる点が確認される。このような姿勢が、ミーティングをたんなる合理的な意思決定の場にとどめず、個人への配慮を持った話し合いの場とする要因であると考えられる。

さらに、現在きのくに国際高等専修学校校長で、きのくに子どもの村中学校教員経験もある堀比佐志は、全校ミーティングでこのような問題を話し合う際には、「具体性を省くのではなく [話し合うことで]、トラブルがむしろ学びの場として機能している」[19]と述べる。個人を糾弾せずに、生活課題として具体的に話し合うということが可能になるのは、冷静であたたかなまなざしのもと、全校ミーティングを、効率的、合理的な意思決定の場ではなく、「楽しいこと [を] より多く、イヤなこと [を] より少なく」する場として、とらえられているからである。

このように、心情や考えを披瀝しあい、「楽しいこと [を] より多く、イヤなこと [を] より少なく」というねらいのもと具体的に話し合うことが、いじめの問題を隠したり、うやむやにするのではなく、しかし個人の糾弾とならずに、冷静であたたかなまざしのもと、学校全体の生活課題として話し合える理由であると考えらえる。

3.市民性教育における教師の役割：
「かしこい決定」への問いかけと子どもとの応答関係

第2節で検討したように、きのくにでは、いじめは「許せない、させない」と教師が断じ、いじめた当事者にたいし注意をおこなう方策を採用するのではなく、子どもと教師による話し合いによって、課題の解決が図られる。だが、子どもと教師が話し合いにおいて同じ重さの一票を持つことは、自由放任とはことなる[20]。全校ミーティングにおいては、

「子どもが積極的にミーティングに参加し、話し合いを重ね、しかも
『かしこい決定』に至るように、さりげなく細心の注意を払[う]」21
ことが教師に求められる、と堀は述べる。たとえば、第2節の事例で
は、「じゃあ、Bさんにどうしてもらったらいいと思う？」「それが…の
答えやと思うねんけど、だから周りの人が…[し]たらいいんと違うか
な？」というふうに問いを投げかけることによって、教師は、「楽しい
こと[を]より多く、イヤなこと[を]より少なく」する視点に立って、
問題点を整理し、議論を深める支援をおこなっている。

　しかし、教師の役割は、問題点を整理し、議論を深めるだけにとどま
らない。子どもにありのまま受け入れるというサインを送ることによ
り、彼らの安心できる居場所を確保することも教師の重要な役割として
確認される。事例において、堀は、いじめたBさんにたいして、「ほり
さんはねえ、Bさんが体験できた時、体は小さいけど、なかなかしっか
りした子やなと思ってたの。だから、やめられないかなあ」と発言して
いる。また、教師Hも同様に、「それ[やめられないということ]がB
さんの答えやと思うねんけど、だから周りの人が[しないように]ほめ
てあげたらいいんとちがうかな？」と述べている。このようにして、子
どもは、教師に見守られ、行動の「良し悪し」にかかわらず、ありのま
まの自分が受け入れられていることを教師のまなざしや言葉から感じ
る。それによって、周りの友だちや教師の誠意に応えたいと思う。ま
た、周りの子も、同じように受け入れられる経験を持ち、またそのよう
に受け入れる教師を見て、自分もそうなりたいと思うのではないだろう
か。このような教師の働きかけがあってこそ、子どもが警戒心をいだか
ず、自身の心情を披瀝することができると考えられる。

　教師が子どもをありのままの存在として迎え入れ、そこへの応答とし
て、子どもも、迎え入れられた存在として教師を迎え入れている22。だ
からこそ、子どもと教師の間に信頼し、応答し合う関係が結ばれ、その

結果、子どもが自他を信頼し、いじめられた子の立場にも、いじめた子の立場にも立つ想像力と共感を持って問題解決にとりくむことを可能にしていると考えられる。

このように、教師は、問題点を整理し、議論を深めるだけではなく、子どもが安心できる居場所を確保する役割も担っている。だからこそ、子どもと教師の間に信頼し、応答し合う関係性が生まれ、子どもたちの話し合いが「かしこい決定」に至ると考えられる。

以上のように、全校ミーティングにおいて、議題、すなわち生活上の問いを子どもたち自身がつくり、話し合いが成り立つ背景には、日常の学校生活において、子ども中心に話し合う習慣と、ミーティング委員会を中心としたミーティングを支えるシステムがあることがわかった。また、皆で「楽しいことはたくさん、いやなことは少なく」できるかしこさとは、たんに効率的で合理的であることではなく、自他を信頼し、いじめられた子の立場にも、いじめた子の立場にも立つ想像力と共感を持って問題解決にとりくむことであることが明らかになった。

個人の心情や考えを尊重しながら、いじめをはじめとする問題を、市民性教育の枠組みにおいて、学校全体の生活課題としてとりくんでいくためには、教師が、問題点の整理等のための問いかけをおこなうだけではなく、子どものありのままを受け入れることが重要になることが確認された。それによって、子どもと教師の間に、信頼にもとづく応答関係が生まれるのである。

[謝辞] フィールド調査を快く受け入れ、研究を支えてくださったきのくに子どもの村学園の皆さんに心より感謝申し上げます。

[注]

1 藤本奈美（2019）「市民性教育」香川七海・福若眞人・蒲生諒太『教育原理』七猫社、4頁。

2 多文化共生のための市民性教育研究会（2020）『多文化共生のためのシティズンシップ教育実践ハンドブック』明石書店。

3 杉浦真理（2013）『シティズンシップ教育のすすめ　市民を育てる社会科・公民科授業論』法律文化社など。

4 小玉重夫（2016）『教育政治学を拓く：18歳選挙権の時代を見すえて』勁草書房など。

5 Levinson, M.(2014) *No Citizen Left Behind*, Cambridge, M, A.: Harvard University Press, p.178。

6 内藤朝雄（2021）『いじめの構造　なぜ人が怪物になるのか』講談社、36頁。

7 同上。

8 同上書、34〜39頁。

9 同上書、35頁。

10 斉藤環（2022）「いじめ被害の真的影響と加害者処罰の必要性」内田良・斎藤環『いじめ加害者にどう対応するか　処罰と被害者優先のケア』岩波書店、36頁。

11 内藤、前掲書、40頁。

12 「学校法人きのくに子どもの村学園学校いじめ防止基本方針」きのくに子どもの村学園（http://www.kinokuni.ac.jp/nc/html/htdocs/?page_id=249）（2023.12.1）。

13 学園は、現在5つの小学校、5つの中学校、1つの高等専修学校からなる。本章でとりあげるきのくに子どもの村小学校は1992年に、中学校は1994年に開校した。

14 外部見学者への堀真一郎さんの発言（2023年7月7日筆者記録）。

15 ミーティング委員会の成り立ちと進め方についての記述においては、きのくに教員の堀江智子さんにご教示、ご確認いただいた。

16 堀真一郎（2022）『新装版　きのくに子どもの村の教育』黎明書房、16〜18頁など参照。

17 子どもの村学園、前掲資料。

18 堀、前掲書、66頁。

19 2023年7月23日筆者記録。

20 堀、前掲書、111頁。

21 同上書、62〜65頁。

22 鷲田清一（1999）の歓待についての議論を参照（『聴くことの力』阪急コミュニケーションズ）。

| 第9章 | # SDGsに関する学習の要点と教師に求められる役割や工夫 |

木村 裕（花園大学文学部教授）

1.SDGsへの注目とESDの役割

　SDGs（Sustainable Development Goals：持続可能な開発目標）とは、「誰一人取り残さない」ことを誓い、持続可能な社会の実現をめざして提起されたものである。17のゴール（**資料1**）と169のターゲットから成るSDGsは、世界中の国々や人々が協力して取り組むべきものとされており、2015年に提唱されて以降、その達成に向けた様々な取り組みが、官民を問わず、各国で進められている。

資料1：「持続可能な開発目標（SDGs）」の一覧

```
目標 1 ：貧困をなくそう
目標 2 ：飢餓をゼロに
目標 3 ：すべての人に健康と福祉を
目標 4 ：質の高い教育をみんなに
目標 5 ：ジェンダー平等を実現しよう
目標 6 ：安全な水とトイレを世界中に
目標 7 ：エネルギーをみんなにそしてクリーンに
目標 8 ：働きがいも経済成長も
目標 9 ：産業と技術革新の基盤をつくろう
目標10：人や国の不平等をなくそう
目標11：住み続けられるまちづくりを
目標12：つくる責任つかう責任
目標13：気候変動に具体的な対策を
目標14：海の豊かさを守ろう
目標15：陸の豊かさも守ろう
目標16：平和と公正をすべての人に
目標17：パートナーシップで目標を達成しよう
```

外務省「SDGグローバル指標（SDG Indicators）」(https://www.mofa.go.jp/mofaj/gaiko/oda/sdgs/statistics/index.html)（2024.7.14確認）をもとに筆者作成。

　SDGsは、その名称からも明らかなように、「ゴール（目標）」である。そしてその「ゴール（目標）」を達成するための教育活動としてユネスコを中心に国際的に推進されているのが、ESD（Education for Sustainable Development：持続可能な開発のための教育）である。目標4は「教育」に関するものであり、特にターゲット4.7においてESDの役割が示されているが、それと同時

122　Ⅳ　争点のある学びと教師の問い

に、ESDは他のすべてのゴールの達成に向けて重要な役割を果たすものでもあると位置づけられている。2019年に国連総会で採択された国際的枠組みである「持続可能な開発のための教育：SDGs達成に向けて」（「ESD for 2030」）でも、教育活動が果たす役割の重要性が改めて強調された。

　SDGsの達成をめざした教育活動の重要性への認識と実践の広がりは、日本においても見られる。たとえば2017年・2018年に告示された学習指導要領では、その前文において、これからの学校には児童生徒一人一人が持続可能な社会の創り手となることができるようにすることが求められると示された。また、幼稚園教育要領においても、同様の趣旨の記述が見られる。持続可能な社会の実現に向けた教育活動の重要性は、対象とする学習者の年齢や発達段階に関わらず高まっており、そうした教育活動はすべての教師が学校教育全体を通して取り組むべきものとして位置づけられているのである。

2.社会を見つめ、未来の社会のあり方を問い、行動に参画する

　資料2に示したのは、日本ユネスコ国内委員会によるESDについての説明である。

　資料2からも分かるように、ESDでは、学習者が持続可能な社会の

資料2：「持続可能な開発のための教育（ESD）」についての説明

今、世界には気候変動、生物多様性の喪失、資源の枯渇、貧困の拡大等人類の開発活動に起因する様々な問題があります。ESDとは、これらの現代社会の問題を自らの問題として主体的に捉え、人類が将来の世代にわたり恵み豊かな生活を確保できるよう、身近なところから取り組む（think globally, act locally）ことで、問題の解決につながる新たな価値観や行動等の変容をもたらし、持続可能な社会を実現していくことを目指して行う学習・教育活動です。
つまり、ESDは持続可能な社会の創り手を育む教育です。

文部科学省のウェブサイト内にある日本ユネスコ国内委員会のESDに関するページ（https://www.mext.go.jp/unesco/004/1339970.htm）（2024.7.14確認）

実現をめざして問題解決に取り組めるようになることが重要な柱の1つとなっている。したがって、社会を見つめ、「地球的諸問題の現状や原因、問題同士の相互依存関係、諸問題を生み出す社会構造の形成に影響を及ぼしているイデオロギーや権力、利害のせめぎ合いなどの実態についての認識を深めること」（木村、2022a、28頁）、すなわち、「社会認識の深化」と、それをふまえた未来の社会のあり方の探究、そして、行動への参画が求められる。なお、地球的諸問題とは、貧困や格差など、SDGsに示されているような、世界中の国々や人々の協力なしには解決が難しい諸問題を指す。

　ここで特に意識したいこととして、次の2つを指摘したい。1つ目は、17の目標は独立したものではなく、互いに深く関連し合っているという点である。例として、**資料3**を見てみよう。資料3に示したのは、目標1で挙げられている「貧困」をテーマとして作成したコンセプトマップの例である。ここでは、「貧困」を原因として生まれうる他の問題（たとえば、「児童労働」）と「貧困」とを矢印でつなぎ、さらにその問題

資料3：「貧困」をテーマにしたコンセプトマップの例

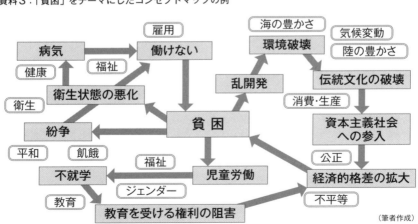

（筆者作成）

を原因として生まれうる他の問題とを矢印でつなぐ、というかたちで、様々な事象の因果関係を示している。

このコンセプトマップに示したのは一例であるが、SDGsに示されている様々な問題が互いに深く関連し合っていることが分かるだろう。したがって、ESDでは「環境」「平和」などの特定のテーマに関する学習のみを行うことにとどまらず、問題同士の関連や、問題解決に向けた取り組みを進めるにあたって時に複数の問題の解決を並行して進めることに困難が生じること（たとえば、環境保護とインフラ整備をどのように両立させるのか）などにも目を向けられるようにすることが肝要となる。実際の授業場面においては、たとえば資料3のようなコンセプトマップの作成を児童生徒に課題として提示し、その内容をもとにして意見交換や教師による説明などを行いながら、認識を深めるための学習活動へと展開していくことなども考えられる。

意識したいことの2つ目は、問題を生み出している社会構造に目を向けることの重要性である。たとえば貧困の問題について考えるとき、自由競争を前提としたグローバル経済や非正規雇用を前提とした企業の経営形態などの社会構造の存在も検討の対象とすることが求められる。環境問題についても同様に、その背景にある物質的な「豊かさ」の追求を前提とした社会や経済の構造などについての検討も必要となるだろう。こうした点に目を向けることなく、「節電」「エコバッグ持参」「募金」「地域のゴミ拾い」などの、個々人の日常生活における努力のみをもって問題解決への取り組みとするだけでは、問題の本質的な解決の実現は困難である。個々人の日常生活における努力はもちろん重要であるが、それだけで本当に十分なのか、他者と協働して長期的な視野で進める取り組みは必要ないのか、といったことに児童生徒の目を向けさせるような教師の問いかけや教材提示などが重要となる。これが、持続可能な社会に向けた社会の変容を実現するうえでの重要な視点となるのである。

ところで、充実した問題解決を行うためには、知識や技能などの習得は不可欠である。自身が解決に向けて取り組んでいる問題の原因とは何か、解決に向けてこれまでにどのような取り組みが進められてきたのか、その成果と課題とはどのようなものなのか、それらを調べるためにはどのような方法が適しているのか、といったことを学ぶことによって、必要な情報の収集や分析、適切で効果的だと考えられる解決策の模索などが可能になるためである。したがって、教材研究を通して、習得をめざしたい最低限の知識や技能を教師が見極めることはもちろん、時にはそれらを授業のなかで「教える」ことが必要な場面も出てくることを確認しておきたい。それと同時に、児童生徒が、教師の説明や提示する内容を絶対的な「答え」として無批判に習得すべきものとして受け取るのではなく、重要かつ批判的に検討すべきものとして受け取ることができるような教師の言葉がけや授業の展開の重要性も意識したい。

3. 自己を見つめ、未来の自己のあり方を問い、行動に参画する

　資料2に示したESDの説明では、「現代社会の問題を自らの問題として主体的に捉え」ることや、「問題の解決につながる新たな価値観や行動等の変容をもたら」すことの必要性が示されていた。これを実現するためには、自己を見つめ、「自身と地球的諸問題との間の相互依存関係や問題解決に取り組むための自身の力量に関する認識を深めたり、イデオロギーや権力などが自他の認識や価値観などに与えている影響についての認識を深めたりすること」（木村、2022a、28頁）、すなわち、「自己認識の深化」と、そうした自己認識に基づいて、「問題解決に向けて自身は何をしたいのか」「何ができるのか」「何をすべきなのか」といった問いに向き合うことが求められる。

　児童生徒に、授業を通して（あるいは、授業をきっかけにして）問題解決に向けた取り組みへの参画を求めるESDにおいて、問題解決の

「切実さ」をいかにして高めるのかは、教師にとって重要な課題の1つである。その際、たとえば、「あなたと、遠く離れた○○という国の人々にはどのようなつながりがあると思いますか」と問い、そのうえで、日々の食事や衣服などを通して、その国の人々の労働と自身の消費行動につながりがあることへの理解を促すこともできる。こうして、一見、自身とは無関係に見えるかもしれない問題と自身とのつながりを認識できるようになることは、問題解決の切実さを高める1つの方法となるだろう。また、こうした問いを通して、ともすれば「自身とのつながりが見えない」、あるいは「自身とのつながりが薄い」と捉えてしまいがちな問題が自身と深く関わっていると認識できるようにすることには、授業のなかで取り組む課題を「教師から与えられた課題」から「自身が取り組むべき課題」へと変化させる契機となりうる。したがって、教師には、世界のつながりについて自身の認識を深めたり、児童生徒が自身の生活と問題とのつながりを納得をもって実感したりすることができるようにするための教材研究が求められる。見えていなかったつながりを実感と驚きを持って見えるようにするために、どのような問いかけや教材が必要となるのか、教師の力量が問われるところである。

　また、ESDでは、問題解決に向けた行動の変容と実際の行動への参画が求められる。そのために重要な学習上の要点として、自身の力量についての認識の深化を大切にしたい。地球的諸問題の複雑さや解決の困難さに直面して児童生徒が無力感を感じてしまっては、問題解決に向けた行動への参画が促されにくくなってしまうためである。たとえば、同じ学校の他学年の児童生徒による取り組み、国内外で行われている同世代の児童生徒による取り組みなどについて知り、その成果や効果などについて学ぶことは、児童生徒が「自分にもできるかもしれない」「自分には何ができるだろう」と考えるための一歩となりうるのではないだろうか。

さらに、ESDでは、学習を通して児童生徒が自他の価値観や考えと向き合い、その深化や発展を実現していくことを大切にしたい。たとえば、「節電」の重要性を主張する児童生徒に対して、「節電にはどの程度の効果があるのだろう」「あなたは、節電のための取り組みとして真夏にクーラーを使わないという提案に賛成しますか」といった問いを提示してみるとどうだろう。こうした問いについて探究することで、自身の考えや取り組みの効果や限界を知り、他者との協働や他の取り組みの必要性や可能性について検討したり、節電と「便利」な生活や健康の維持などとの適切なバランスに関する自他の考えを深めたりする可能性が広がるかもしれない。あるいは、エコバッグ持参の重要性と効果を主張する児童生徒に対して、「エコバッグを作ったり洗ったりする工程は、環境に影響を与えないのだろうか」と問うてみるのはどうだろう。生産や流通、洗濯などの工程で使われるエネルギーや資源、労働力などにも気づき、エコバッグのよりよい活用方法や他の選択肢の可能性などにも意識を向けるきっかけが生まれるかもしれない。

　もちろん、例示したこれらの問いは、児童生徒による節電やエコバッグ持参などの取り組みを否定するものではない。ただし、こうした問いを通して児童生徒の考えや行動のあり方などを問い直すきっかけをつくることは、社会認識を深めるとともに、一人一人の価値観やめざす社会のあり方に関するイメージを揺さぶり、より深い思考とそれに基づく行動への参画を促す可能性を有する。児童生徒にはこうした学習を通して、与えられた知識や技能の習得、他者との協働による探究活動の実施、学習の成果のまとめと発表などにとどまるのではなく、「自身がどのような社会の実現をめざしたいのか」「そこに自身がどのように関わることができるのか」という問いと向き合うこと、そしてその実現に向けた取り組みに自身が参画することが求められる。こうした「自分事」の学習を通して、他者とともに未来をつくること、そのための基礎を培

128 　Ⅳ　争点のある学びと教師の問い

うことが肝要となるのである。したがって、教師には、児童生徒のそうした学習を実現するための授業づくりを行うことが期待される。

4.授業の可能性、学校の可能性

　ここまで見てきたように、個人と社会の変容が求められ、また、持続可能な社会づくりに向けた取り組みへの参画が求められるESDにおいて、他者との協働は重要である。他者の考えや主張との出会いは、自身の考えや主張を客観視したり再考したりする契機となる。また、他者との協働を通して、たとえばよりよい地域づくりの実現に向けて児童生徒と地域住民とが意見交換を行う場を設定したり、具体的な取り組みを行ったりするなど、個人では困難な取り組みを行うことの可能性が広がる。さらに、学校を拠点として児童生徒が、地域住民や行政関係者、国内外の多様な専門家やNGOなどの組織・団体のスタッフ、同世代の若者たちなどの多様な人々とつながることによって、多様な「個人」「主体」が協働し、応答し合うことが可能となり、持続可能な社会づくりのための取り組みは、より大きな可能性を持つものとなるだろう。そこには、「集団」「多様」であるからこそ生み出される学習の可能性と重要性を見て取ることもできる。

　ただし、そうした学習が、教師をはじめとする大人が予め想定した、あるいは社会で一般的に語られている、「望ましい」と考えられる学習内容の習得や行動への参加（たとえば、「みんなで節電に取り組もう」「エコバッグ持参の大切さを伝えるポスターをつくって地域の人に発信しよう」など）をハイライトとする学習へと矮小化されてしまわないように、注意が必要である。そもそも、前節で例示した「節電」や「エコバッグ」に関する問いには「正解」があるわけではない。そのため、これらの問いについての探究は、教師にもまた、自己を見つめ、児童生徒とともに考え、これからの自己のあり方を問うことを求めるものとな

る。先に、知識や技能などを習得することや教師が「教える」ことの意義と重要性について述べたが、ESDではそれと同時に、教師をはじめとする大人たちが児童生徒の価値観や考え、意見などを受け止め、向き合うこと、そしてまた、「一人の市民」として対等な立場で関わり合うことを必要とする問いを軸に学習を展開することも不可欠である。教師には、自身の考えや主張を持つ一人の市民として、同じく一人の市民である児童生徒や学内外の人々と向き合い、ともに歩むことを可能にするような学習活動を実現するための力量やあり方が求められるのである。

　また、ICTの活用についても検討が必要である。GIGA（Global and Innovation Gateway for All）スクール構想の展開とともに、1人1台端末や高速ネットワークの整備が進み、オンラインミーティングの機能を用いて他国の児童生徒との意見交流や他国の大人へのインタビューなどを取り入れたり、各自がインターネットを活用して収集した情報をクラウド上に持ち寄って意見交換を行ったりするといった活動を取り入れた実践も広がっている。こうした取り組みは、時間や空間を超えて他者と協働した学習を実現する可能性を持つものであり、デバイスやネットワーク環境の整備やすべての児童生徒への提供などは、学習の機会の保障という点で、学校教育が果たすことのできる重要な役割の1つであると言えるだろう。

　ただし、ICTはあくまで「ツール」「手段」であり、それを用いた授業を行うこと自体が目的になるわけではない。たとえば、オンラインミーティングの機能を活用したインタビューを通してどのような認識を深めたいのか、何のためにどのような情報を持ち寄って意見交換を行う必要があるのか、といったことを教師が明確に把握しながら、児童生徒に学習課題を提示したり、問うたりすることが求められる。さらに、上述した他者との協働の重要性に鑑みれば、「個別最適化」の側面ばかりを強調してICTを捉えるのではなく、「協働」の重要性、さらにはそこ

130　｜　Ⅳ　争点のある学びと教師の問い

で想定される協働の「質」や「内実」を問うことが肝要である。

　それに加えて、教育課程への位置づけ方についても工夫が求められる。ESDには、それを実践するための特別な教科や領域が設定されているわけではない。そのため、教育課程にどのように位置づけるのか、位置づけた教科や教科外の時間においてどのように実践を展開するのかは、各学校や各教師の裁量に依るところが大きい。また、たとえば「総合的な学習／探究の時間」を活用して比較的長期に渡る実践が可能な場合と、日々の教科などの授業において特別な時間を確保することなく実践することが求められる場合とでは、そこで設定する学習課題や問いかけの内容も変わりうる。

　もちろん、諸問題そのものや諸問題同士の関連、そうした諸問題を生み出す社会構造、自身と諸問題との関連、自身の力量などに関する認識の深化の重要性などを念頭に置けば、様々な教科や教科外での実践においてSDGsに関連する学習を展開することが可能であり、また、不可欠である（木村、2022a）。そのため、教師には、こうした学習上の要点を十分に認識したうえで、それらを与えられた枠組みや条件の下でどのように実践に位置づけたり生かしたりすることができるのかを検討することが求められる。

　教育の専門家たる教師が軸となり、学校内外の多様な人々や組織・団体などと協働しながら、計画的かつ長期的にESDを実践しうる学校には、児童生徒はもちろん、学校に関わるすべての人々の人生を豊かにすることや力量形成を実現することに関して、また、今後の社会づくりに関して、大きな可能性がある。そして、1つ1つの授業には、そのために必要な知識や技能、価値観、態度などの習得や醸成を、一人一人の児童生徒に、さらには、教師も含めた大人たちに、保障できるようにする可能性がある。そうした可能性を発揮できる学校づくりや授業づくりについて考えるとともに、その実現に向けて取り組んでいきたい。

[引用・参考文献]

・木村裕編著（2022a）『中学校　全教科・教科外で取り組むSDGs──ESDの実践づくりの要点とアイディア』学事出版。

・木村裕（2022b）「持続可能な開発のための教育の教育課程と教育評価」木村裕・古田薫編著『教育課程論・教育評価論』ミネルヴァ書房、77～91頁。

・木村裕・竹川慎哉編著（2019）『子どもの幸せを実現する学力と学校──オーストラリア・ニュージーランド・カナダ・韓国・中国の「新たな学力」への対応から考える』学事出版。

・田中治彦・奈須正裕・藤原孝章編著（2019）『SDGsカリキュラムの創造──ESDから広がる持続可能な未来』学文社。

・手島利夫（2017）『学校発・ESDの学び』教育出版。

・永田佳之編著（2019）『気候変動の時代を生きる──持続可能な未来へ導く教育フロンティア』山川出版社。

V 子どもの多様性と学び

第10章 子どもたちの特別な教育的ニーズを保障する教師の発問
吉田 茂孝

第11章 性の多様性をめぐる学びと教師の問いかけ
永田 麻詠

第10章 子どもたちの特別な教育的ニーズを保障する教師の発問

吉田 茂孝（大阪教育大学総合教育系准教授）

1. 子どもたちの特別な教育的ニーズと授業づくりの今日的課題

（1）特別支援教育と特別な教育的ニーズへの注目

　2007年に特別支援教育が開始され、通常学級では個別のニーズに対応する指導が求められ、教育現場では、個別支援が重視されるようになった。こうした特別支援教育の背景には、国際的な動向も関係している。1994年の「サラマンカ声明」を境にインクルーシブ教育は、国際的に広がり、被虐待児、移民や性的マイノリティの子どもをはじめ、様々な背景から学習が困難な子どもたちのために教育を保障しようする「特別ニーズ教育」概念が提起された。またこの概念とともに、障害のある子どもを含む、学習において困難をともなう子どもは「特別な教育的ニーズ」のある子どもと提起された。

　日本においてインクルーシブ教育が本格的に議論されるようになったのは、2012年の「共生社会の形成に向けたインクルーシブ教育システム構築のための特別支援教育の推進（報告）」以降である。この報告を受け、特別支援教育はインクルーシブ教育システムの構築をめざすものとされた。日本のインクルーシブ教育システムでは、「特殊教育」において対象としていた障害のある子どもに加え、発達障害のある子どもを対象にした「特別支援教育」を発展させていくことをめざし、障害のある子どもと障害のない子どもが、共に学ぶことが明記された。なお、日本のインクルーシブ教育システムは、障害のある子どもを中心にした教育であるため、特別な教育的ニーズのある子どもへの教育は限定的な意

味でしか捉えられていない。けれども、現行学習指導要領では、海外から帰国した子どもや日本語の習得に困難のある子ども、不登校の子どもをはじめ、2022年12月に改訂された『生徒指導提要（改訂版）』において性的マイノリティの子ども、支援を要する家庭状況の子どもなどが明記された。このように、特別な教育的ニーズのある子どもへの指導や支援は、広がりつつある。

　こうしたなか、2021年1月26日「『令和の日本型学校教育』の構築を目指して〜全ての子供たちの可能性を引き出す、個別最適な学びと、協働的な学びの実現〜（答申）」が示された。この答申では、インクルーシブ教育システムの構築をはじめ、子ども一人ひとりの多様性と向き合うことなどが明記された。このように「個別最適な学び」の文脈において「個に応じた指導」の強調により特別な教育的ニーズへの対応がより一層求められるようになったのである。ただし、個別最適な学びについては、その問題も指摘されている。例えば、個別最適な学びは、教師によってあらかじめ決められたゴールに向かう想定内の授業であり、想定内のゴールにたどり着くための学びは、他者の考えと出会わない学びとして指摘されている（守屋、2023、17頁参照）。

（2）特別な教育的ニーズと授業づくりの今日的課題

　こうして徐々にではあるが、特別な教育的ニーズに応じた教育が整備されつつある。ただ、授業づくりに関しては、まだ特別な教育的ニーズが保障されているとは言い難い。今日、発達障害児への支援の視点を取り入れたユニバーサルデザインの授業づくりが注目されている。こうした授業づくりは、障害特性をふまえた視覚支援や環境整備などを実践現場にもたらした。けれども、以下のような批判も見られる。

　ユニバーサルデザインの授業づくりは、「教師が教えたい内容を子どもたちが効率的・効果的に学ぶことをめざす」（原田、2022、72頁）という考えであると述べられている。その際、めざされている授業は、定

型発達者や健常者を想定しているため、子どもたち一人ひとりの実態や生活を十分にふまえた形では考案されていない傾向があると指摘されている（永田、2015、88頁参照）。こうした指摘の背景には、「展開される学習集団の内実は常に変化し、『ユニバーサルな世界』は固定的なものではない」（湯浅、2011、16頁）ということも関係している。このように、特別な教育的ニーズのある子どもの実態や生活も含めて授業づくりを検討することが求められる。

　特別支援教育が開始された当初、すでに「一斉の問答」形式が中心の授業展開では理解しにくい子どもたちの支援が問われていた。ただし、それは発達障害のある子どもだけではなく、「聞き合い・語り合う」という授業への参加の力が弱まっている今日の子どもに共通する課題でもある（湯浅、2008、184頁参照）。

　そうした課題から、「問答」をつくり出す発問について考察する必要がある。発問によって問答をつくり出しても、結局は「教師が教えたい内容を子どもたちが効率的・効果的に学ぶ」ことになりはしないだろうか。または、子どもたちに発問をし、多様で特別な教育的ニーズに応答することで、バラバラの発言からどのようにある程度の共有をつくるか。本章ではそうした子どもたちの特別な教育的ニーズを保障する教師の発問について検討する。

2．特別な教育的ニーズから見た発問の問い直し

（1）発問の概念

　ここでは、まず発問の概念について考えてみたい。発問は、単に答えを引き出す質問とは異なる。質問は、「知らない者が問う」のに対して、発問は、「知っている者が知らない者に問いを発する」ことである。その際、発問は、答えを生み出すために、どれだけ「意味ある活動がされたか」が重要なのである（宮本、1970、141頁参照）。それゆえ、本来

発問は、「問と答との間」（大田堯）の距離が長く、その距離のなかで、意味ある活動を子どもたちがすることに関わる。ここでの発問は、教師が想定した正答を発言させることではない。例えば、子どもたちが試行錯誤したり、知的葛藤を乗り越えたりするなかで、子どもたちの多様な発言が吟味され、発言と発言が比較されたりしながら授業が展開する。すなわち、発問のある授業は、単に想定内の答えに終わる授業ではなく、また他者の考えと出会わない授業を意味しない。

　加えて、発問には、子どもたちの集団での主体的な学びの道を開き、子どもたちが相互に論争し合うような、「学級を問答共同体＜一問多答の共同体＞へと組織すること」（山下・豊田・桑原・岩垣、1971、45頁）が求められる。

　このように、発問の概念には、授業において試行錯誤や知的葛藤をつくり出すことに加え、一つの問いから誤りやつまずきを含んだ多様な答えを引き出し、学級を問答する共同体へと組織することが含まれる。

（2）発問の形式と特別な教育的ニーズから見た発問の課題

　発問を授業において行うためには、教師の教材研究が必要である。ただ、すぐれた教材があれば自動的に優れた授業が成立するわけではない。吉本均（1977）によると「教えるという行為」が、「能動的で共同的な学ぶという行為」をいかにして導き出すかが重要であり、「教える」とは「指さし」であるとされた。指さしによって、「一定の方向ないし場所を教師は指さすのであり、そこに実際に存在している事物・対象を見つけ出し、現実につかみとるのは、子どもたちなのである。…［中略］…『指さし』とは子どもたちに能動的・共同的な学習行為をよびおこす発問、問いかけにほかならない」（吉本、1977、96〜98頁参照）。つまり、指さしとは、教科内容の習得に向け、子どもたちに能動的・共同的な学習行為を呼び起こし、思考させる発問のことを意味する。

　こうした発問には、「限定発問」「類比発問」「否定発問」の形式が仮

説的に提案されている。ここでは、登場人物の心情の変化に着目して形式の内容を整理する（吉本、1977、99〜101頁参照）。

・限定発問：無限定や無方向に問うのではなく、登場人物の行動や動作などに限定して登場人物の心情の変化を問うような発問である。
・類比発問：2つの場面（例えば、最初と最後の場面）の登場人物の台詞を比較するように問いかけてから心情の変化を読み取らす発問である。
・否定発問：子どもたちの考えが正答ばかりになったとき、子どもたちにその反対の考えを提示したり、「つまずき」をとりあげたりして、正答をゆさぶる発問である。

　こうした発問の形式は、問うことによって子どもたちに集団思考を引き起こすことになる。ただし、これらの発問は教師の視点である。先述したように、特別な教育的ニーズのある子どもは思考することが難しい場合がある。それゆえ、子どもの視点から竹内元は「考えたいけどうまくいかないときに、どこから考えていいのか分からないときは限定、どのように考えたらいいか分からないときは類比、子どもの考えが偏っているときは否定」（岡本、2015参照）と発問の形式を問い直している[1]。つまり、子どもたちに考えるための手がかりを子どもの視点から問い直している。

　なお、これまでの発問では、教師から何かを考えさせようとする方法ばかりが注目されてはいないだろうか。むしろ、特別な教育的ニーズのある子どもは、自分のニーズや困難さを表現・発言できず、また周囲に理解されないことが多い。そうしたことから、「困った子」として見られることがある。それゆえ、発問も考えさせるための手がかりとともに、自分の考えていることを少しでも表出できるようにすることが求められる。すなわち、子どもたちの特別な教育的ニーズを保障する教師の発問とは、子どもたち一人ひとりの特別な教育的ニーズとともに学級の

集団の内実をふまえ、子どもたちに思考させる発問のあり方に注力すると同時に、子どもたち一人ひとりの独自の考えを引き出し、表現させる発問を意味する。

3.特別な教育的ニーズを保障する発問の枠組み

（1）特別な教育的ニーズのある子どもが安心して発言できる集団づくり

　子どもたちの考えを引き出し、表現させることは重要である。けれども、発問が正解ばかり求めてしまうと、子どもたちは「正解をいわなければならない」という強迫観念に駆られてしまう。そうすることで、誤った意見が発言しにくい集団になってしまう。それゆえ、正答だけを求める発問から誤答を求める発問への転換が必要である。

　こうした誤答を求める発問が成立するためには、誤答を言い合える集団をつくり出すことも必要である。その際、以下の2つの班の考え方に注目したい。

　第一に、班の固有の役割を見直す必要がある。授業において学級全体で発言が出ないときや、教師の説明が理解されていないとき、「ちょっと班で話し合ってみよう」と班での話し合いをするような「班は一斉授業の下請け機関」に留まるものではなく、別に固有の役割が存在する。その役割とは、「自分たちで支え合おうとすること、そして自分たちだけでは引き受けることができない事柄については他班や教師に助けを求めることである」（山口・宮原、2016、91頁）。例えば、班員同士が、「わからない」ことを気にかけ合い、班内で話し合っても「わからない」ことや「正解」とは異なる「答え」、自分とは文脈の異なる発言を班から学級全体で考えるように提案しているかが問われているのである（山口・宮原、2016、91〜92頁参照）。

　このように、班の固有の役割として、班内外で班員の考えを支え合う集団が組織されている。その際、自分たちが高まっていくための手法と

して、「正解」とは異なる意見にも重きが置かれているのである。

　第二に、班員一人ひとりの個性的な思考に開かれる必要がある。教師の発問に対する子どもの発言は、教科書や教師の教材解釈とは異なる本人の生活経験に根ざした個性的な思考も見られる。特別な教育的ニーズのある子どもは、生活史のなかで正当で民主的な発言の仕方を学ぶ機会が奪われ、周りの子どもからも理解されずにいる場合がある。こうした子どもの発言に対して、教師と共に、学級の子どもたちや班がどう向き合うかが重要である。例えば、小学校4年生『ごんぎつね』（新美南吉）の実践では、子どもたちは、単に物語を読み込んでいるのではなく、A児は自分自身をその物語に重ね、自分の生活と向き合う発言をしていた。その際、A児の読み解きに対して、別の班の子どもがA児の発言を排除する主張も見られたが、A児の班員はA児の生活世界を共有しているため、A児のおかれている生活世界の苦境にもとづいた読み解きをある程度理解することができたのである（鈴木、2005、112〜117頁参照）。

　こうした班のように、班員の個性的な思考を一番近くで考え合うことができるような集団づくりが必要である。なお、教師は授業前の教材解釈によって囲い込むのではなく、学習集団の内実は常に変化することを前提にしつつ、子どもたちの考えていることを引き出したり、表現させたりすることを通して、授業中も教材解釈し続けることもあわせて求められる。

（2）子どもの多様な発言を引きだす発問と指導方法

　特別な教育的ニーズのある子どもへの発問については、問い方も重要である。ここでは、子どもの多様な発言を引き出す発問と指導方法のあり方を整理する。

　第一に、五感に訴えるような発問づくりである。例えば、登場人物の気持ちを問う場合、「気持ちは？」と問うとなかなか気持ちを発言することは難しい。そこで、「どんな顔（表情）をしている？」「どんな仕草

（行動）をしている？」と視覚的に捉えやすい事柄を問うことで気持ちに迫りやすくする発問である。他にも、音、臭い、味、手触りなどに着目させることによって場面のイメージを豊かに捉えやすくすることになる（小泉・佐久間、2016、99頁参照）。

　第二に、吹き出しを使って気持ちを考えさせる。例えば、「たぬきの糸車」では、おかみさんの気持ちについて吹き出しを使って表現させる方法である。木こりの夫婦が春になって山奥の小屋に戻ってきたとき、おかみさんが「白い糸のたば」を見て「あっとおどろきました」という部分をはじめ、おかみさんの「はあて、ふしぎな。どうしたこっちゃ」という発言や「糸車のまわる音が、きこえてきました」などの部分を取り上げ、ワークシートや黒板におかみさんの絵を準備し、吹き出しを作成して、その吹き出しに入る気持ちを問う方法である（新井、2016、65〜66頁参照）。

　第三に、動作化を使って気持ちを考えさせる。ここでは、詩「ちいさい　おおきい」（香山美子）の第4連「小さい　大きい／小さい　大きい／小さくって　小さくって　小さくって／大きい／ありさんの　にもつ」（「／」は改行を意味する）をテーマにした特別支援学校の実践を取り上げる。授業者は、大きい荷物と小さい荷物を準備し、ありさんのお面をつけた子どもが実際に荷物を背負う場面を設定した。具体物を提示したことでイメージしやすくなり、音読したり自分の考えた表現を発表したりするときに動作化を加えることで、発音・発声の不明瞭な子どもも得意な身体表現で自分の思いを積極的に伝えようとする方法である（高井、2014、32〜36頁参照）。

（3）子どもの多様な発言から学びを深める方法

　こうした子どもの多様な発言を引き出すことで、子どもたちは参加しやすくなる。けれども、子どもたちに発問をして、子どもたちの多様で特別な教育的ニーズに応答しようとすると、子どもたちのまとまりのな

い、バラバラの発言が確認されるであろう。それでは、こうした発言を
ふまえ、どのように学びを深めればよいだろうか。

　発問によって、「Ａさんの発言による、○○○○○という考え方もあ
る」「Ｂさんの発言による、△△△△△という考え方も」「Ｃさんの発
言による、□□□□□□という考え方もある」・・・というようにまと
まりのない、多様な発言により、子どもたちの思考は広がっていく。け
れども、そうした一つひとつの発言を比較したり吟味したりして深めて
いくことが求められる。つまり、「広げる」集団思考だけではなく、「深
める」集団思考をどう組織するかである。

　子どもたちの発言を整理し、その発言の共通点や相違点、さらには対
立点を、板書等を利用しながら明らかにする。そうすることで子どもた
ちもまた、様々に出された発言について、全体的に振り返り、それぞ
れの発言の根拠にもとづきながら、何が「論点」なのかを分析していく
ことができる。すなわち、子どもたち自身も「自分の発言」と「他人の
発言」の共通点と相違点を明確化していく。その際、「自分の発言の根
拠」と「他人の発言の根拠」といった発言を支える「根拠」も吟味しな
がら、分析していくのである（深澤、2010、29頁参照）。

　こうした子ども同士の発言から、共通点、相違点、さらには対立点を
導くのは、教師がやり方を見せながら、最終的には子どもたち自身がで
きるようにしていかなければならない。それゆえ、授業において子ども
たちの特別な教育的ニーズを保障するためには、お互いの差異を認め合
い、その差異が学びにおいて生かされる学習集団を組織していく必要が
ある。

[注]

1　なお、この引用は、宮崎大学の竹内元の諫早授業研究会夏季講座での発言を岡本邦明が
　同会の会報のためにまとめたものに依拠している。

[参考文献]

・新井英靖（2016）『アクション・リサーチでつくるインクルーシブ授業──「楽しく・みんなで・学ぶ」ために──』ミネルヴァ書房。

・大田堯（1969）『学力とはなにか』国土社。

・岡本邦明（2015）「諫早授業研究会だより」No.15-7、2015年8月30日発行。

・小泉靖・佐久間敦史（2016）「魅力ある発問づくりにつながる教材研究──『発問』の再定義──」深澤広明・吉田成章責任編集『学習集団研究の現在vol.1　いま求められる授業づくりの転換』渓水社、93～109頁。

・鈴木和夫（2005）『子どもとつくる対話の教育──生活指導と授業』山吹書店。

・高井和美（2014）「小学部①　こどもが『わかる』を大切にした授業づくり」難波博孝・原田大介編著『特別支援教育と国語教育をつなぐ──ことばの授業づくりとハンドブック──』渓水社、20～38頁。

・永田麻詠（2015）「インクルーシブな国語学力の構想──『読むこと』の授業づくりをめぐって」インクルーシブ授業研究会編『インクルーシブ授業をつくる──すべての子どもが豊かに学ぶ授業の方法』ミネルヴァ書房、83～93頁。

・原田大介（2022）『インクルーシブな国語科教育入門』明治図書。

・深澤広明（2010）「教材の特質をふまえた発問で教材を吟味する集団思考を」『授業力&学級統率力』明治図書、2010年6月号、27～29頁。

・宮本勉（1970）「『よい発問』の条件を考えよ」吉田昇・沼野一男編著『教育方法』学文社、141～145頁。

・守屋淳（2023）「『令和の日本型学校教育』の奇妙さについて──『個別最適な学び』に着目して──」『教育学の研究と実践』第18号、12～19頁。

・山口隆・宮原順寛（2016）「子どもたちと達成感を共有する班づくり──『班』の再定義──」深澤広明・吉田成章責任編集『学習集団研究の現在vol.1　いま求められる授業づくりの転換』渓水社、76～92頁所収。

・山下政俊・豊田久亀・桑原昭徳・岩垣攝（1971）「発問の構造」現代学級経営研究会編『現代／学習集団づくり入門Ⅱ《発問》』東方出版、40～72頁。

・湯浅正（2011）「通常学校の改革と授業づくり」『障害者問題研究』第39巻第1号、12～19頁。

・湯浅恭正（2008）「発達障害児と集団づくりの展望」湯浅恭正編著『困っている子と集団づくり──発達障害と特別支援教育』クリエイツかもがわ、162～185頁。

・吉本均（1977）『発問と集団思考の理論』明治図書。

第11章 性の多様性をめぐる学びと教師の問いかけ

永田 麻詠（四天王寺大学教育学部教授）

1.性の多様性をめぐる学びの現状と課題

　2022年12月に改訂された『生徒指導提要』では、「個別の課題に対する生徒指導」の一つとして、性の多様性が新たに取り上げられた。改訂版の「性に関する課題」の章には、「性同一性障害者」「性的被害者」「性的マイノリティ」についての記述が見られ、教育現場においても性の多様性への注目が高まっている。

　このようななかで、現在、小学校や中学校、高等学校で使用されている教科書は、国語科、社会科、家庭科、保健体育科、特別の教科道徳などを中心に、「性的マイノリティ」について取り上げている。2017年版の学習指導要領では性の多様性に関する記述が認められないものの、子どもにとっては身近な教科書において、性の多様性への言及が見られるようになった。このことによって、2010年以降、少しずつ行われてきた学校における性の多様性への取り組みが、教育相談や生徒指導、人権教育等に加えて、教科を含む日々の授業においても見られはじめたことがうかがえる。

　その取り組みとしては、「文部科学省により推進されてきた障害理解教育や異文化理解教育」からの知見をふまえた『「マイノリティ」を理解することに焦点をあてた教育』（渡邉歩、2021、164頁）など、「性的マイノリティ」とされる人びとへの理解を志向するものが散見される。また、教員養成課程において「性的マイノリティ理解教育」の必要性を指摘する研究（渡邉はるか、2018）が確認できることからも、「性的マ

イノリティ」とされる人びとを理解し、尊重する姿勢や態度を子どもに育てることが、学校においては性の多様性をめぐる学びの中心となる傾向がある。もちろん、「性的マイノリティ」に関する知識習得や理解、「性的マイノリティ」とされる人びとの人権尊重などは、学校において取り組むべき重要な内容である。ただし、「性的マイノリティ」を「知る」ということがねらいの中心となる授業だけでは、性の多様性をめぐる学びとしては課題がある。

クィア・ペダゴジー[1]や包括的性教育を研究している渡辺大輔は、「性的マイノリティ」について「知る」学習の課題について、次のように指摘している。

> 教育や授業において、「セクシュアルマイノリティについて知る」という目標を立てることは、まなざされる「あの人たち」をつくりだすことで、まなざす「私たち」を不問にしてしまうという構造を再生産してしまうことになる。
>
> （渡辺、2016、61頁）

渡辺が指摘するように、性の多様性をめぐる学びが「性的マイノリティ」について「知る」学習となってしまうと、教室において「知ってあげる／理解してあげる私たち」という主体を子どもに構築することとなる。こうした課題の一因としては、性の多様性とは「性的マイノリティ」のことであると一面的にとらえてしまい、「性的マジョリティ」も含め、すべての人にとって関係する概念であるという意識の欠如が挙げられる。また、教室には、「性的マイノリティ」とされる子どもが存在するという当たり前の状況を見落としてしまうことによって、「知ってあげる／理解してあげる私たち」という主体形成に、「性的マイノリティ」とされる子どもを含む、すべての子どもを巻き込むことになる。

このような課題には、「性的マイノリティへの合理的配慮を行うことが、性の多様性への対応である」という文部科学省の立場が表れてい

第11章　性の多様性をめぐる学びと教師の問いかけ　145

る。渡辺は文部科学省の立場について、「性的マイノリティが直面する困難や課題を個人の問題とし、これまでの学校や教育におけるヘテロノーマティヴな規範を問うことなしに、個別的な配慮で乗り切ろうということである」（渡辺、2018、51頁）と批判している。「性的マイノリティ」だけでなく、「性的マジョリティ」も含む、すべての人びとが性の多様性の当事者である[2]。こうした見地に立って、教師は、「知る」学習にとどまらない性の多様性をめぐる学びを考える必要がある。

2. 性の多様性をめぐる学びにおいて教師に求められること

　性の多様性をめぐる学びに取り組むうえで、教師は「性的マイノリティ」や性の多様性を「知る」学習とならんで、どのような授業づくりや発問づくりを行う必要があるだろうか。「これまでに根付いてきた学校の文化や、マジョリティ（多数派）がもつ意識や価値観を考え直すきっかけとしたい」（藤本、2022、51頁）という思いから、学校全体でジェンダー平等教育に取り組んだ事例や、性別役割規範や男女二元論、異性愛主義といった観点から小学校および中学校の国語科教科書を分析し、「多様な見方・考え方を国語科を通して働かせ、『ふつう』『あたりまえ』といったような、社会的特権や固定概念をことばで問いなおすこと、多様な『見方・考え方』をことばでつねに構築し続けること」（永田、2022、115頁）をめざす実践案など、現在、「性的マイノリティ」を「知る」学習にとどまらない学校での取り組みが、少しずつ行われてきている。こうした先行研究からは、性の多様性をめぐる学びの中心に、授業のなかで子どもが「ふつう」を問いなおす取り組みを位置づけていることがうかがえる。

　小学校国語科を一例に考えてみよう。東京書籍『新編 新しい国語 4 上』採録の物語教材である村中李衣作「走れ」では、登場人物ののぶよと弟のけんじが、運動会でそれぞれ「おなか、へったよう」「おなか、

へったぞう」と言う場面がある。女児と男児の台詞として示されたそれぞれの言葉遣いに対して、言語主体を入れ替えたときに児童はどのように感じるのか。「おなか、へったぞう」という言葉遣いを女性が行うとき、私たちは何を感じるのか。あるいは、「おなかへったわ」などといった言葉遣いを男性が用いるとどうか（永田、2020、44〜45頁）。こうした「ゆさぶり」を国語科において、教師が子どもに発問の形で投げかければ、「ふつう」を問いなおす授業への契機となるだろう。なぜなら、「性的マイノリティ」を「知ってあげる／理解してあげる私たち」という主体形成は、「性的マジョリティ」が「ふつう」であるという見方・考え方に立つ権力構造だからである。「おなか、へったぞう」という言語主体は、「ふつう」は男性であるという見方・考え方そのものが社会的につくられたものであり、そういった価値観こそが「マジョリティ」を「マジョリティ」たらしめ、「マイノリティ」をつくりだしている。渡辺は、「なぜ『マジョリティ』は自分たちがカテゴライズされる名称を知らずに生きていられたのか、なぜ『マイノリティ』だけがカテゴライズされ、名付けられてきたのかを問うこと」（渡辺、2017、162頁）の重要性を主張しているが、「性的マジョリティ」が「ふつう」として存在できるという社会的特権が、「性的マイノリティ」と「性的マジョリティ」の不均衡な権力構造を生み出しているのであり、社会的特権について考えないで済むという状況が、「性的マイノリティ」とされる人びとの生きづらさを生み出しているのである。

　ただし、渡辺が「『私たち』の内部の、もしくは自分自身の内部の差異について考える」ことの重要性（渡辺、2017、162頁）を指摘するように、つねに「マジョリティ」である人も「マイノリティ」である人も存在しない。私たちには性をめぐる側面だけでなく、人種や障害、年齢など複数の自己が交差[3]しているため、自分自身のなかにあるマイノリティ性とマジョリティ性についてとらえることをあわせて、「ふつう」

を問いなおす取り組みを行うことが必要となる。

　このように考えると、「性的マイノリティ」とされる人びとの人権を尊重するための学びは、「性的マイノリティ」を「知る」ことだけではない。子どもが教師の発問によって社会的特権や権力構造、あるいは複数の自己に気づき、不均衡な社会と差別構造を「知る」こと、自分自身や社会を問いなおすことも、「性的マイノリティ」とされる人びとの人権を尊重することとなるのである。

　土肥いつきは、「性の多様性についての教育を『他者を知る』ためのものではなく、『自己を知る』『社会を知る』教育へと再構築していくこと」（土肥、2022、45～46頁）を重視している。土肥にならうのであれば、「知る」学習には「性的マイノリティ」を「知る」だけではなく、自分自身の価値観や社会的特権を「知る」ことや、自己の複数性や交差性を「知る」こと、不均衡な権力構造に満ちた社会を「知る」ことも含まれなければならない。自分のなかにどういった「ふつう」が根を張っているのか、「ふつう」を問いなおす授業や発問を通して、子どもが自身を「知る」学習も、性の多様性をめぐる学びには必要である。

　なお、以上のような学びは、「子供一人一人の特性や学習進度、学習到達度等に応じ、指導方法・教材や学習時間等の柔軟な提供・設定を行う」などといった「指導の個別化」や、「教師が子供一人一人に応じた学習活動や学習課題に取り組む機会を提供することで、子供自身が学習が最適となるよう調整する『学習の個性化』」（文部科学省、2021、7頁）を重視する「個別最適な学び」だけでは実現しづらい。「個別最適な学び」では、自らの「ふつう」に疑問を呈し、子どもに問いなおしを迫る存在が希薄となるからである。「学習の個別最適化」に適しているのは、「知らなかったことを知る、わからなかったことがわかる」などといったように、どちらかと言えば、「性的マイノリティ」を「知る」学習のほうである。いっぽう、自らの「ふつう」を問いなおすという学

148　Ⅴ　子どもの多様性と学び

びは、問いなおしを迫る他者の存在とともに行う「協働的な学び」のほうが適している。「性的マイノリティ」を「知る」学習だけでなく、自己や社会を知り、子どもが自らの「ふつう」を問いなおすには、「協働的な学び」において、「ふつう」の問いなおしを迫る教師の発問が求められる。

そのためにも、「性の多様性を学び教える以前に、性別二元論や性別特性論など、教職員の性に対する認識そのものを変える必要がある」（土肥、2022、45頁）との指摘もあるように、まずは教師が自ら「ふつう」の問いなおしを行うことが重要である。

葛西真記子は、学校における性の多様性をめぐって、「教員としてできることは、ハード面に関することではなく、教員の異性愛主義、異性愛中心主義的な考え方や価値観の変容というソフト面に関することである」（葛西、2019、22頁）として、次のように主張している。

> 意図せずに発せられる「将来、好きな人ができて結婚したら……」「彼氏はいるの？」「彼女はいるの？」「そんな恰好をしていると男にもてないぞ」等の発言は、日常よく聞かれるものである。もし、児童生徒が自分の性指向に悩んでいたら、自分はおかしいのかもしれない、普通ではないのかもしれないと思ってしまうだろう。つまり、必要なのは、このような発言をしないような教員の意識変容なのである。　　　　　　　　　　（葛西、2019、22頁）

授業時の発問を通して、子どもに「ふつう」の問いなおしを迫る存在であるためには、教師こそが「性的マイノリティ」を「知る」こと、複数の自己や社会的特権、不均衡な社会や差別構造を「知る」こと、そのうえで自らの「ふつう」を問いなおすことが欠かせない。教師自身が「ふつう」を問いなおすことによって、性の多様性に対して当事者性をもつこと、教師自身も「知らない」ことや、自らの社会的特権や差別性などを発問に付随して子どもに開示し、子どもと共有していくことが、

子どもの学びを触発する問いとなる。

3.「知る」と「問いなおす」を往還する授業づくりに向けて

本章では最後に、中学校国語科教材を一例として、子どもたちが「知る」と「問いなおす」を往還する授業づくりの手がかりを得たい。

国語科では2021年に、教育出版の『伝え合う言葉 中学国語2』において、「性的マイノリティ」の当事者とされるロバート・キャンベル氏の「『ここにいる』を言う意味」という文章が「総合（SDGs）」の単元として掲載された。本教材では、「性的少数者」が「ここにいる」と「言わなくてもいい社会に早くなるといいね」という声に対して、その前にまず、現在「いる」を言うことの意味を考える重要性が述べられている。

指導書では発問例として、「LGBTという言葉を聞く機会があると思います。皆さんはLGBTに対して正しく理解していると思いますか」との記載がある。また、活動例として、「教材では、『貧困』『性的少数者』に対する理解への課題が取り上げられているが、そもそも『普通』であるとか、『一般的』といった考え方にも問題があるのではないかという視点から問いかけてもよい」という記述が見られる。活動例としてはさらに、ジェンダー平等をめぐって性別に対する「普通」や、「女性はこうあるべき」といった価値観への気づきを促す活動と、LGBTへの正しい理解を促し、当事者の立場を想像するよう問いかける活動が提案されている。本教材がLGBT、すなわち「性的マイノリティ」とされる人びとの生きづらさに言及する内容であることから、指導書が提案する授業では、「読むこと」を通して「性的マイノリティ」（の生きづらさ）を「知る」ということが中心となる。こうした授業は、「性的マイノリティ」を「知ってあげる／理解してあげる」私たちという主体を構築してしまう。他方、活動例では、「普通」や「一般的」といった考え方を問いなおすような授業づくりも示されているが、その問いなおしは

性別役割分業への気づきが着地点となっている。こうした学習活動は、「女性らしさ」や「男性らしさ」をめぐる「ふつう」の問いなおしにとどまってしまい、自分自身の価値観や社会的特権を「知る」ことや、自己の複数性や交差性を「知る」こと、不均衡な権力構造に満ちた社会を「知る」ことにつながっていくのか不安が残る。指導書が描く発問や授業は、「性的マイノリティ」への正しい理解を促すことで、「性的マイノリティ」と「性的マジョリティ」の分断を生み出してしまうこと、結果的に「性の多様性」＝「性的マイノリティ」の問題としてしまうこと、権力構造や差別構造といった、不均衡な社会への視点が欠如していることがうかがえる。こうした授業では、子どもたちが当事者性をもって性の多様性をめぐる学びに取り組むことが困難となりかねない。また、「性的マイノリティ」を「知る」ことだけでなく、自分自身の価値観や社会的特権、あるいは自己の複数性を「知る」ことと、自分のなかにある「ふつう」を問いなおすことの往還がかなわないだろう。

　なお、発問とは「子どもに思考と発見を迫る問い、彼らに自問自答を迫る問い」（豊田、2007、199頁）とされる。子どもは、性をめぐって自分にどんな価値観があるのか、発問によってはじめて自問自答することも少なくないだろう。さらには、教師自身も子どもに問いかけてはじめて、自分の価値観が明るみに出ることもあろう。教師も子どもも、性の多様性をめぐる発問を通して自身を発見し、自身の「ふつう」を問いなおすのである。そのためにも教師は、子どもや自分の価値観を心から知りたいと思うこと、子どもからの応答を通して教師が自らの「ふつう」を問いなおすことが求められる。これらのことによって、教師は子どもに問いなおしを迫る存在となる。先述した国語科教材「『ここにいる』を言う意味」における「（「性的マイノリティ」であるということを──引用者注）言わなくてもいい社会に早くなるといいね」という声は、「『性的マイノリティ』が早く『ふつう』になるといいね」という、「性

第11章　性の多様性をめぐる学びと教師の問いかけ　151

的マジョリティ」による声かけともとらえられる。この声かけに対して、発言者は何を意図して発言したのか、その発言を聞いた筆者は、どのように感じたのかなど、いずれの立場からも発言をとらえなおす発問から、子どもに「ふつう」の問いなおしを迫りたい。

　さらに、豊田ひさきが道徳の授業づくりにおいて子どもが「身につまされる」課題（豊田、2007、37頁）を重視したように、性の多様性をめぐる学びでも子どもが「身につまされる」こと、すなわち当事者性をもつことが欠かせない。子どもが当事者性をもって性の多様性をめぐる学びに参加しなければ、「LGBTの人たちも私たちと同じだと思いました。だから、差別はよくないと思います」などといったコメントが授業で散見されることとなろう。子どもに当事者性をもたせるためにも、教師が自らの「ふつう」を問いなおし、場合によっては自身の差別性を子どもに開示することによって、「身につまされる」授業としていくことが必要となる。

　「『性的マイノリティ』が早く『ふつう』になるといいね」とあるけれど、「性的マイノリティ」は「ふつう」ではないのかな。この発言をした人は、自分のことは「ふつう」だと思っているのかな。先生も、自分のことを「ふつう」だと素朴に信じている瞬間があるけれど、みんなはどうかな──。こうした問いを投げかけるなかで、子どもが当事者性をもちながら、「知る」と「問いなおす」を往還することを性の多様性をめぐる学びとして求めていきたい。ただし、子どもにも教師にも「性的マイノリティ」とされる人びとが必ず存在する。授業のなかで教師が自己開示に苦しんだり、子どもの価値観を否応なく晒してしまう発問によって、「性的マイノリティ」とされる人びとを傷つけたり、アウティングやカミングアウトの強制につながってしまったりといったことが起こらぬよう、特に「協働的な学び」においては細心の注意と配慮が不可欠である。そういった点で、教材における発言者や筆者の立場から話し

合ったり、物語、すなわち虚構の登場人物について伝え合ったりすることができる国語科は、「性的マイノリティ」とされる人びとが安全・安心に授業参加できる活路を見いだしやすいと言えよう。

　以上、本章では国語科を一例として取り上げた。だが、国語科に限らず、性の多様性、あるいは「性的マイノリティ」が取り上げられる教材を用いた授業づくりでは、子どもたちが教師とともに「知る」と「問いなおす」を往還し、当事者性をもって学ぶために、社会的特権や不均衡な社会構造などといった、社会的視点を子どもと教師が共有できる発問が重要となる。性の多様性をめぐる学びにおいて、「身につまされる」教師の問いかけが効果的に行われるとき、性の多様性への当事者性が子どもたちに生まれ、「知る」と「問いなおす」を往還する学びが深まっていくのである。

[注]

1　クィア・ペダゴジーは、批判的教育学や批判的リテラシーと関連する学問領域である。クィア・ペダゴジーでは、被抑圧者／抑圧者などの二項対立をのりこえ、政治的なことと切り離すことのできない「社会」に関心をもつこと、異性愛主義や性別二元論など、「ふつう」とされる見方・考え方に立つ教育実践の問いなおしを重視する。

2　性の多様性という概念には、一人ひとりの性のあり方はグラデーションであるという考え方が重視される。それぞれの性のあり方に明確な区分はなく、マイノリティとマジョリティの境界もあいまいであるという考え方である。さらに、性の多様性に近い用語として「SOGI（Sex Orientation and Gender Identity）」という語もある。性的指向と性自認という観点から、異性愛者やシスジェンダーなど「性的マジョリティ」とされる人も含めて、すべての人が当事者として用いることのできる語である。

3　現在は、人種、階級、ジェンダー、セクシュアリティ、ネイション、アビリティ、エスニシティ、年齢など、複数のカテゴリーを交差する権力関係が、さまざまな社会的関係や個人の日常的経験にどのように影響を及ぼすのかを検討する概念として、「交差性（intersectionality）」という考え方が重視されている（Collins & Bilge、2020 ＝ 小原、2021）。

［引用文献］

- ・葛西真記子（2019）「教員の意識変容と啓発をどう行うか」葛西真記子編『LGBTQ＋の児童・生徒・学生への支援──教育現場をセーフ・ゾーンにするために』誠信書房、17～30頁。
- ・土肥いつき（2022）「性の多様性教育」『こころの科学』223、日本評論社、44～48頁。
- ・豊田ひさき（2007）『授業力アップへの挑戦12　集団思考の授業づくりと発問力・理論編』明治図書。
- ・永田麻詠（2020）「国語科教育における多様な性への対応と言語感覚の育成」全国大学国語教育学会編『国語科教育』88、39～47頁。
- ・永田麻詠（2022）『性の多様性と国語科教育──言葉による見方・考え方を働かせる国語科授業づくり』明治図書。
- ・藤本拓弥（2022）「私たちの意識から変えるジェンダー平等教育」労働教育センター編集部編『女も男も』139、労働教育センター、51～56頁。
- ・文部科学省（2021）「学習指導要領の趣旨の実現に向けた個別最適な学びと協働的な学びの一体的な充実に関する参考資料（令和3年3月版）」（https://www.mext.go.jp/content/210330-mxt_kyoiku01-000013731_09.pdf）（最終閲覧2023.7.27）。
- ・渡邉歩（2021）「小学校高学年への性の多様性に関する授業実践の効果と課題」早稲田大学大学院教育学研究科編『早稲田大学大学院教育学研究科紀要別冊』28（2）163～172頁。
- ・渡辺大輔（2016）「『性の多様性を学ぶ』とはどういうことか」全国高校生活指導研究協議会編『高校生活指導』202、教育実務センター、56～63頁。
- ・渡辺大輔（2017）「『性の多様性』教育の方法と課題」三成美保編『教育とLGBTIをつなぐ──学校・大学の現場から考える』青弓社、146～166頁。
- ・渡辺大輔（2018）「教育課程と『性の多様性』──フィンランド・台湾の現状からみる課題」教育科学研究会編『教育』874、かもがわ出版、45～52頁。
- ・渡邊はるか（2018）「教員養成課程における性的マイノリティ理解教育」目白大学教育研究所編『人と教育』12、94～98頁。
- ・Patricia Hill Collins ＆ Sirma Bilge（2020）下地ローレンス吉孝監訳、小原理乃訳（2021）『インターセクショナリティ』人文書院。

エピローグ

個別最適化の時代に
教師であることの意味

竹川 慎哉

1. 問うことと沈黙を忘れたコミュニケーション

　"タイパ"という言葉が生まれている。「タイムパフォーマンス」の略語で、「コスパ」同様、時間をかける効果や意味を問題にする用語として使われている。インターネットの動画を倍速で観ることはもちろん、シーンを飛ばして"オチ"を先に見たり、ドラマなどでは最終回を先に観たりするような人も多いそうだ。音楽ではイントロも無駄だと飛ばして聴いたり、食事においても多くの栄養素をバランス良く手っ取り早く摂取できるインスタント食品も開発・販売されている。"タイパ"を取り上げたあるニュース番組の中で、インタビューを受けていた人々が口を揃えて言っていたのは、「時間をかける意味がない」「中身がわかればそれでいい」ということだった。

　この動向は、メディアの受け手の志向だけの問題ではなく、送り手の側の意識や作り方の変化も関係している。それは、ひと言で言えば「わかりやすさ」の重視ということである。例えば、テレビや映画などでは、まなざしなどの表情や沈黙といった「間（ま）」を使いながらその場面の意味を描写する技法が多く使われてきたが、近年ではセリフのない場面を極力なくしたり、直接セリフで表出させる演出を意図的に多くしている[1]。視聴者の側に場面をどのように読みとるかを委ねるのではなく、隙間なく説明してしまう傾向である。したがって、この場合の「わかりやすさ」とは、単純化であり、「説明過多」「解釈の押しつけ」とも言える。

このようなことから書き始めたのは、"タイパ"を問題にしたいから
ではない。タイパは新しい現象であるにもかかわらず、その実、土台と
なっているコミュニケーション構造はとても古いということである。そ
れは、ストレートなコミュニケーション、あるいは一方向のコミュニ
ケーション構造である。タイパは、いかに中身を効率的に作り手から受
け手へ「移動」するかを重視したコミュニケーションである。したがっ
て、そこでは「間（ま）」が欠如する。「間」は"タイパ"の発想におい
て排除すべき対象である。「間」は、沈黙を耐えて「待つ」という行為
を周囲に要求するが、"タイパ"は「間」を作らず、一方向に効率的に
情報を得ることを追求する。

　ストレートなコミュニケーションは、もはやコミュニケーションと言
うべきでないかもしれない。それは単なる伝達と受容であって、問いか
けも問い返しもないからである。それは、異なるものを取り込みながら
変容していく関係性とは真逆の性格である。こうしたコミュニケーショ
ンがデジタル環境の後押しとともに支配的になっていないだろうか。パッ
ケージ化された「個に応じる」ことは、多様性も豊かなコミュニケー
ションももたらさないのではないか。

　一方的なコミュニケーション構造は、学校の授業に強く見られるもの
である。それは、従来から批判されてきた詰め込み教育というだけでは
ない。プロローグでも指摘したようにICT、AIによる個別最適な学び
も、その名に反して画一的で一方的な授業コミュニケーションに拍車を
かける可能性がある。

　ここでも「間」のなさが問題となる。それは、最近の授業づくりにお
いても支配的動向となっていると筆者は感じている。「めあて」が掲げ
られ、「活動」が行われ、「まとめ・振り返り」で完結していく。授業
者は、「めあて」から「まとめ」へとテンポ良く向かっていくように授
業をつくろうとする。しかし、授業の冒頭で「めあて」が板書された時

エピローグ　個別最適化の時代に教師であることの意味　│　157

点で、何を「まとめ・振り返る」かがあらかじめ決められてしまっている。この発想に立てば立つほど、子どもの「沈黙」は排除され、その沈黙に耳を傾ける行為や関係性は生み出されない。AIと学習ログの蓄積による個別最適な学びにおいても、同様である。そこでは、教師の判断は必要なく、個々の学習者に合わせた難度の学習プログラムが準備される。この学習の中に、子どもが学ぶ過程で必要とする「間」は準備されるだろうか。また、"タイパ"のごとく、2時間の情報を倍速で得ることは学習の世界でも部分的には可能かもしれないが、同じ時間から得られた「情報」も子ども個々の「経験」として捉え直してみると、生成した経験は多様で、数量化できない。個別最適化時代の教師の役割は、いかに「間」を創り出すかにあるのではないだろうか。

2.個別最適のマクロとミクロ

　授業の"タイパ"モデルは、それを支える社会システムの整備によって強力に推進されている。コロナ禍によって急速に進められた1人1台の端末の導入は、学校教育のデジタル化の導入にすぎず、その先には教育データの標準化、家庭・民間事業者・自治体を越えたデータの共有と活用、さらには学校をプラットフォーム資本主義のエコシステムに組み込み、市場を拡大することが意図されている。

　2022年1月にデジタル庁、総務省、文部科学省、経済産業省が共同で「教育データ利活用ロードマップ」を発表した[2]。デジタル化にはデータの標準化が必須であるが、カリキュラムや授業づくりにおけるその基本問題は、データ化可能な学びが支配的になることである。学習アプリの導入や学習ログの管理、CBT（文部科学省が進めるMEXCBTなど）の導入が図られていることもその一環である。こうした「データ駆動型教育」においては、子どもたちが言葉を使って意味づける行為を通して知識を形成したり、その意味づけをめぐって他者や社会の利害と

対立したりする学びはいかに位置づけられるのだろうか？あるいは誰かのわからなさに寄り添って授業が立ち止まり、そのわからなさを考え合う中で皆がわかっていくプロセスはデータ化可能なのか？こうした状況は、学校での学びの公共性とは何かを問い直すことを求めている。

　本書は、すべての子どもの学習へのアクセスを保障するとはどういうことか、個の学習を保障するとはどういうことか、という問いを上記のようなマクロなシステムが求めてくる個別化の論理とは別の角度から提示してきた。各章のテーマや課題は異なるものの、共通しているのは、個の問いかけが集団の応答を生み出し、集団における問いの共有が個の応答を生み出す授業の原理であったと思う。最後に、本書各章の議論から提示された授業づくりの原理をまとめておきたい。

3.「問う－応答する」関係を授業に創り出す

二項対立からの脱却

　プロローグでも指摘したように、個別最適な学びを推進するロジックは、一斉授業は画一的であり、個別最適な学びこそ子どもの主体性、多様性を保障するという二項対立図式で語られている。個の学びの保障を論じる際に、まずこの図式そのものを廃棄する必要がある。豊田氏（第1章）が指摘するように、「問答法（カテケーゼ）」に典型的な、近代学校教育における一律・一斉・画一の授業開発と並行して、子ども自身が問うための教師の問いかけのあり方が200年前から議論されているのである。小泉氏（第4章）が述べる「考えやすい問い」[3]や、西間木氏（第5章）が、子どもたちが自分に取り込んだ詩の言葉が彼ら自身に何を問うたのかを問うこととして教師の問いかけを位置づけていることは、教えか学びか、教師主導か子ども中心かの二項対立を超えたところで、教師と子どもの相互主体の授業が展開されていることを示している。教師が子どもに問うだけでなく、子ども同士が問い合い、応答し合う、さら

エピローグ　個別最適化の時代に教師であることの意味　159

には子どもの問いに教師が応答する。こうした日本において授業実践の事実として蓄積されてきたことを、今一度丁寧に確認する必要がある。

「他者」の存在

　問い、応答し合う関係の成立に不可欠なのは、「他者」である。同じ教室にいれば「他者」なのではない。自分とは異なる存在として他者を認識し、その他者と共通の内容を学ぼうとするから対話する必要性が生まれる。このことを宮腰氏（第7章）は、「私とあなたの無視できない関わり」と表現し、西間木氏（第5章）は、問いが生まれるための応答の場の必要性を指摘し、「『問う』対象となる『あなた』がいる、そして、それに答える『自分』がいるといった関係を抜きに語ることはできない」と指摘している。また森氏（第6章）はビースタに依拠して、他者の問いに応答する仕方の中で唯一的で特異な存在者として世界に参入することができると指摘していた。

　教師のしごととして求められるのは、教材をめぐる対話の場の設定である。すなわち、自他の違いを顕在化させる問いの設定、異なる者同士の関わり合いの生み出す問いの設定である。こうした問いへ応答しながら、子ども自身が納得でき、他者とも共有できる世界を創る経験を積み重ねていくのが授業なのである。このとき、子どもは多様な存在であるために多様な媒介を必要とするが、それらをすべて教師があらかじめ準備しようなどと思う必要はない。子どもとの対話の中で彼らに必要な媒介（道具）とは何かを見つけ、あるいは子ども自身に委ねていく姿勢が重要である。

　藤本氏（第8章）が紹介しているきのくに子どもの村小中学校の全校ミーティングでは、子どもたちが生活課題を共有し、それに対する自他の意見の違いを顕在化させ、さらに関わり合いや合意へと発展させる姿があった。また、永田氏（第11章）は、性的マイノリティを「知る」ことと「ふつう」を生み出す社会的特権や構造を「問いなおすこと」の往

還を主張している。これらも自他の違いの顕在化と異なる者同士の関わり合いの構築として理解することができる。

発問を通して教師の権力を編み直す

　発問は教師の権力でもある。第3章で竹川が指摘しているように、教師の発問は、多様な背景のある子どもたちの授業参加に制限や排除をもたらしてしまう可能性を多分にもっている。これは、単に正答主義ということにとどまらず、学ぶことと生きることの統一から子どもを疎外し、学習権を侵害するものとなる。このことに常に自覚的、反省的である必要がある。この点にかかわって、小泉氏（第4章）は以下のように述べている。

> 「わたしたち教員が「発問」という「問う側が優位に立つ問い＝問われる側（子どもたち）には心理的負担が大きい問い」を発しているのだということを日常的にどれだけ意識して授業づくりあるいは授業自体に向き合えているかということが、実はとても重要なのではないかと考えている。子どもたちの「まちがえる権利」や「『わからない』と言える権利」をどれだけ日常的に保障できているかということは問い直してみる必要があるだろう」（68～69頁）

　しかし、発問の権力性は、まさに発問を通して解体することができる。吉田氏（10章）は、教師が問答をつくりだす発問が、結局は教師が教えたい内容を子どもたちが効率的・効果的に学ぶためのものになっていないか？と疑問を投げかけ、特別な教育的ニーズから発問の問い直しを提起している。そして、教師が事前に行う教材解釈に子どもたちを囲い込むのではなく、子どもとのやりとりを通して授業中も教材解釈し続ける必要があると指摘している。同様に竹川（第3章）も教師の発問づくりとその効果を文脈依存的で生成的なものとして理解し直すことを提案している。

　これに対する実践的な回答も本書で示された。玉城氏（第2章）は、

エピローグ　個別最適化の時代に教師であることの意味　　161

教材研究や発問づくりが先行するのではなく、「あの子はこの発問で顔をあげてくれるかな？」といった、固有名の子どもの姿との対話が不可欠であることを実践事例を通して主張している。小泉氏（第4章）は、「その都度白紙の状態で新たに子どもと協働しながら教材に立ち向かうという姿勢で授業に臨む」ことを強調している。小泉氏が「海のいのち」の授業で、「突然おりてきた発問」という表現をしているが、これは偶然や神業ではなく、小泉が教材を媒介として、子どもたちの息づかいを感じながらことばの意味を共有する中で生み出されたものだと解釈できる。また、宮越氏（第7章）において、探究課題を子どもとの合意の上で決定した実践を報告しているが、これも教師の権力を編み直す方略だと言える。

　発問の権力性を解体するには、子どもと社会とを繋ぐまなざしも重要である。これは、木村氏（第9章）がSDGsの学びについて、永田氏（第11章）が性の多様性の学びについて論じる中で提起されていた視点である。子どもたちが現実に生きる生活には、多様なものごとが唯一の答えを携えて存在しているわけではなく、多様であることが論争的に存在している。ドイツの政治教育の基調となっている「ボイテルスバッハ・コンセンサス」では、「学問と政治において議論のあることは、授業においても議論のあるものとして扱わなければならない」[4]という原則があるが、こうした視点に基づいた教師の問いかけが自己を見つめることと社会を問い直すことの往還を生み出すために必要となろう。

　こうした学びにおいて、教師はどれほど深い教科内容・教材研究をしたとしても、真理を代表することはできない。教師が「答え」のある問いかけで決めてしまってはいけないのである。子どもたちに考えるに値する課題を提起することは不可欠であるが、それをめぐる問いや応答は子どもに委ねるという教師の構えが、個の学びを保障する場を生み出す出発点なのである。

［参考文献］

1　稲田豊史（2022）『映画を早送りで観る人たち──ファスト映画・ネタバレ──コンテンツ消費の現在形──』光文社、参照。

2　デジタル庁・総務省・文部科学省・経済産業省「教育データ利活用ロードマップ」2022年1月22日（https://www.digital.go.jp/news/a5F_DVWd）（2024.2.5確認）

3　小泉は、ただ難易度を下げた「誰でも答えやすい問い」と対比して、子どもたちがそれぞれの多様な背景・経験と他者との関わり合いを土台にしながら教材の本質に迫る問いを「誰でも考えやすい問い」としている。小泉靖・佐久間敦史（2016）「魅力ある発問づくりにつながる教材研究──『発問』の再定義──」広島大学教育方法学研究室編／深澤宏明・吉田成章責任編集『いまもとめられる授業づくりの転換』渓水社、97頁。

4　近藤孝弘（2005）『ドイツの政治教育──成熟した民主社会への課題──』岩波書店、46〜47頁。

あとがき

　本書を企画するきっかけとなったことがいくつかある。ひとつは、校内外の研修助言者、公開研への参加、実習生の研究授業等多様な機会に授業を観るが、「この授業の問いはなんだろう？」「子ども達は何を問いとしてつかんだのだろうか？それは子どもにとって考えるに値する問いだったか？」「問いを考えていくための道具が何もないではないか・・・」と感じることが加速度的に増えてきたことである。この動向には、授業スタンダード等の浸透やそれを基準にした教師教育（教員養成・現職教育）の影響が大きいと考えている。加えて、教育DXの文脈で進められる個別最適な学びが、一層問いと応答を欠いたものになっていることが危機感を増大させた。それらを推進する際に語られる「すべての子ども」「多様な子ども」とは誰なのか？と考えたとき、"周辺""底辺"の子ども達が含まれておらず、個々の子どもにとって価値ある学びが保障されていないと感じていることが第1の動機である。

　こうした危機感を抱きながら、個別最適な学びと対極的に位置づけられ、画一的と片付けられてしまう一斉授業の中から、個の学びを保障する授業原理を新たな実践課題も視野に入れながら提示する必要が今あると思った。これが第2の動機である。このきっかけを与えてくれたのは、

これまで授業について議論を重ねた方々や、実際に授業を見せてもらった先生方であり、まさに本書の執筆者の皆さんであった。本書の副題である「個別最適化時代の教師の問い」という課題に対して、各論者から充実した応答がなされたものと編者としては自負している。本書が多くの教師や教師を目指す学生にとって、授業づくりのアンラーン＝学び捨てること／学びほぐすことにつながればこの上ない幸せである。

　発問論の第一人者であり、恩師である豊田ひさき先生（編者）の教えを受けつづけたこの20年あまりであるが、私自身は発問を直接的なテーマとして論文を書いたことがなかった。私にとって本書は、これからの授業を考える上での大事な地点を改めて確認するものとなった。本書の共通する発問観を端的に表現すれば、「応答としての問いかけ」ということではないかと思う。問いは誰かがすでに発している声への応答としてある。問いを創るということは、応答すべき声を見つけることである。同じことが研究にも言える。授業の困難に直面する教師の声に耳を傾けて、これからも問いを立てていきたいと思う。

　本書の刊行に際しては、学事出版の二井豪出版部長に『子どもの幸せを実現する学力と学校』（2019年）に続いて編集の労をおとりいただいた。編者として不十分な筆者を励まし支えていただいたおかげで、刊行にいたることができた。心より感謝申し上げたい。

2024年10月　竹川　慎哉

執筆者一覧

プロローグ・第3章・エピローグ・あとがき	竹川　慎哉	
はじめに・第1章	豊田ひさき	
第2章	玉城　明子	（大阪大学大学院人間科学研究科准教授）
第4章	小泉　　靖	（学習集団づくり研究会 大阪サークル授業をつくる会前会長）
第5章	西間木紀彰	（福井県公立小学校教諭）
第6章	森　　久佳	（京都女子大学発達教育学部教授）
第7章	宮腰　　誠	（四日市メリノール高等学校講師）
第8章	藤本　奈美	（愛知教育大学教育学部講師）
第9章	木村　　裕	（花園大学文学部教授）
第10章	吉田　茂孝	（大阪教育大学総合教育系准教授）
第11章	永田　麻詠	（四天王寺大学教育学部教授）

編著者紹介

竹川 慎哉（たけかわ・しんや）

愛知教育大学教育学部准教授

1978年、岐阜県生まれ。名古屋大学大学院教育発達科学研究科博士課程後期課程修了。博士（教育学）。中部大学現代教育学部幼児教育学科を経て現職。専門は、教育方法学、カリキュラム論。

主著：『批判的リテラシーの教育──オーストラリア・アメリカにおける現実と課題』明石書店、2010年。
『子どもの幸せを実現する学力と学校』学事出版、2019年（共編著）など。

豊田 ひさき（とよだ・ひさき）

朝日大学教職課程センター教授・大阪市立大学名誉教授

1944年、三重県生まれ。広島大学大学院教育学研究科修士課程修了。教育学博士。大阪市立大学大学院文学研究科教授、名古屋大学大学院教育発達科学研究科教授、中部大学現代教育学部初代学部長等を経て現職。専門は、教育方法学、カリキュラム論、授業実践史。

主著：『東井義雄 授業実践史』風媒社、2024年。
『「学び合いの授業」実践史──大正・昭和前期の遺産──』風媒社、2020年など多数。

子どもがつながる、学びが深まる「発問」
──「個別最適化時代」の教師の問い──

2024年11月28日　初版第1刷発行

編著者 ──	竹川 慎哉・豊田 ひさき
発行人 ──	鈴木 宣昭
発行所 ──	学事出版株式会社

〒101-0051　東京都千代田区神田神保町1-2-5
☎03-3518-9655
HPアドレス　https://www.gakuji.co.jp

編集担当 ──	二井　豪
本文組版 ──	細川 理恵
デザイン ──	弾デザイン事務所
印刷・製本 ──	電算印刷株式会社

©Takekawa Shinya & Toyoda Hisaki, 2024

乱丁・落丁本はお取り替えします。
ISBN 978-4-7619-3037-0　C3037　　Printed in Japan